税務相談事例を

相談の背景から整理する 実務の要点 ピックア

白坂博行 編著

青木いずみ
小野寺美奈 著
窪田紀子

一般財団法人 大蔵財務協会

はじめに

21世紀は、時の刻む早さが、今までに増して、早くなってきているように感じます。それは、多くの分野でデジタル化が進展していることに加えて、時々刻々と、様々な新しい取引が生み出されているからかもしれません。

しかし、税務に携わる者は、新たに生み出された取引であっても、しっかりと内容を把握し、対応しなければなりません。民間の経済取引から生じた果実が、無税であるということはありませんので。

そのため、どのような取引であっても、税務上の取扱いについて、日頃から確認し理解しておくことが重要となります。つまり、課税の対象となる取引はどのようなものなのかについて、様々な視点から確認し、理解しておくことが大切となるのです。もし、一面的にしか理解していない場合で、その理解が及ばなかったところの部分が、税務に関する取扱いの判断をするうえで大切なポイントになっているようなときは、間違えた答えを導き出してしまうことになりかねません。

このようなことを防ぐためには、日頃から広くて深い知識を蓄えておくことが大切です。広くて深い知識は、間違いに対する防止や抑制の効果があるからです。

加えて、新しい問題に対処していくためには、知識を蓄積するだけでなく、対象となる取引を、様々な視点から捉える考え方を養っておかなければなりません。実務家は、間違えることが許されないからです。

この本では、税務相談でありがちな、基本的な事柄を素材にして、記憶に残りやすい具体的な事例に投影していますが、さらに、一つの事例をいくつかの視点から捉えて説明しています。また、各章末には「コラム」として、発展的に押さえておきたいポイントも掲げています。一つの取引をいくつもの視点から検討することは、思考方法を一面的なものにさせない頭のトレーニングになるからです。

本書が、読者諸氏にとって、座右の書の一冊になることを願っております。

令和５年吉日

筆者一同

目　次

1 賃貸用ビルの相続

相談の背景

　私の父親は事務所用の貸しビルを所有しており、その賃貸収入について所得税と消費税の申告をしていました。

　父親の死去に伴い、私はこの貸しビルを相続しました。この貸しビルは、引き続きこのまま貸し出していく予定です。

　なお、私はサラリーマンで、給与以外に収入はありません。

相談Ⅰ

●相続による建物の取得

　父親から相続した貸しビルの賃貸収入について確定申告する際、減価償却費はどのようにして計算するのでしょうか。

回答Ⅰ

　資産を相続したとき、その資産の取得費や取得時期は、被相続人の取得費や取得時期が相続人に引き継がれることになります。

　なお、貸しビルの用途が相続開始前と同じであれば、耐用年数は変わりません。

回答Ⅰのポイント1 ▶▶▶ 取得時期

　相続開始日から遺産分割の日までに長い日数が掛かってしまったとき、その未分割期間における遺産は、相続人全員の共有財産となります。

　しかし、その後になって遺産を分割したとき、その遺産を相続した相続人は、被相続人から直接遺産を取得したとして取り扱われ、かつ、その資産の取得時期も、「被相続人が取得した時期」が相続人に引き継がれることになります。

回答Ⅰのポイント② ▶▶▶ 取得費

相続人が相続により取得した資産の取得費は、取得時期と同様に、被相続人の取得費を引き継ぐことになります。

ただし、資産を相続したことに伴い負担することになった不動産取得税や登録免許税など、所有者名義を変更するために掛かった費用も、取得費に加算することになります。

なお、これら資産を業務の用に供する場合、所有者名義の変更に際して要したこれら費用は、取得費ではなく、必要経費に計上します。

回答Ⅰのポイント③ ▶▶▶ 相続税

事業用資産を相続して相続税を納付しているとき、その納付した相続税をその相続した資産の取得費や必要経費として処理することはできません。納付した相続税額のうち、事業用資産に係る部分の金額を求めることができるときであっても同様です。

相続税は、資産の所有権を引き継ぐことに掛かる費用であるため、その相続税額を相続した事業の必要経費などに算入することはできません。

相談Ⅱ ●減価償却費の計算

父親の事業を相続したのですが、その事業で使用している建物や機械の減価償却費は、どのようにして求めるのですか。

回答Ⅱ

減価償却資産の償却方法については、相続により資産を取得したときであっても、償却する資産の区分ごとに、償却方法を記載した届出書を、申告書の提出期限までに、税務署長に届け出なければならないことになっています。

ただし、この届出書を法定期限までに届け出ないときは、定額法を選択したものとみなされることになっています。

回答Ⅱのポイント1 ▶▶▶ 償却方法の届出書

減価償却資産の償却方法は、個人事業者の場合は定額法が原則ですが、定額法以外の方法を採用したいときは、その採用したい方法を税務署長に届け出なければなりません。

ただし、その選択した方法により償却費の金額を求めたとしても、事業を開始した初年度に必要経費に算入することができるのは、その資産を事業の用に供した月数分のみとなります。

なお、個人事業者の場合、減価償却費の計上は法人の場合と異なり、強制であり、任意でないことに注意する必要があります。

回答Ⅱのポイント2 ▶▶▶ 建物の償却方法

建物の減価償却費を求める際、定率法の方法を選択している人は、定率法の方法により償却費を求めることができます。

しかし、平成19年4月1日以後に取得した建物の減価償却の方法は、旧定額法しか選択できなくなりました。

なお、この「取得」には、相続による取得も含まれることになっています。

回答Ⅱのポイント3 ▶▶▶ 償却方法の変更

減価償却資産の償却方法を変更したいときは、『減価償却資産の償却方法の届出書』に変更の内容を記載して、申告書の提出期限までに、税務署長に届け出なければなりません。

なお、法人の場合は、変更しようとする事業年度の開始の日の前日までに、変更する旨の届出書を税務署長に届け出る必要があり、個人と法人では、提出期限が異なります。

相談Ⅲ ●消費税の計算

父は、貸しビル収入に係る消費税について、簡易課税の方法により申告し納付していました。私は父の事業を相続したわけですから、父と同様に簡易課税の方法により申告し納付することになるのでしょうか。

回答Ⅲ

事業は同じであっても申告する人は異なりますので、事業を引き継いだ後も消費税を簡易課税の方法により申告したいのであれば、法定期限内に『消費税簡易課税制度選択届出書』を税務署長に届け出る必要があります。

回答Ⅲのポイント1 ▶▶▶ 相続があった年の納税義務

相続があった年の、被相続人の消費税に係る基準期間の課税売上高が1000万円を超えているときは、その事業を相続した人の相続した日からその年の12月31日までの期間に係る消費税の納税義務は免除されません。

なお、課税売上高については、免税事業者の場合は税込金額で判定しますが、課税事業者の場合は、税抜金額で判定します。

回答Ⅲのポイント② ▶▶▶ 「翌年」と「翌々年」

相続があった年の翌年と翌々年に係るその事業を相続した相続人の消費税の納税義務については、それぞれの年の基準期間における被相続人と相続人の課税売上高の合計額が1000万円以下でなければ、消費税の納税義務は免除されません。

ただし、相続人が消費税の課税事業者を選択しているときは、この課税売上高が1000万円以下であっても、消費税の納税義務は免除されません。

回答Ⅲのポイント③ ▶▶▶ 簡易課税制度

事業を相続したときに、その事業に係る消費税を簡易課税の方法により申告したいときは、『消費税簡易課税制度選択届出書』を税務署長に届け出なければなりませんが、この届出書の届出期限は、相続人の状況により異なります。

被相続人の事業を相続したとき、相続人が事業を営んでいなかったときは、相続が開始した年の12月31日がその届出期限になりますが、被相続人がその年の12月中に亡くなったときは、翌年の２月末日までに届け出ればよいことになっています。

しかし、相続人が従前から事業を営んでいて、消費税の課税事業者であり、かつ、簡易課税の適用を受けていなかったときは、相続が開始した年について簡易課税の適用を受けることはできません。

ただし、その場合であっても、消費税の課税期間を３か月又は１か月に短縮して簡易課税の届出書を提出すれば、提出した次の課税期間から簡易課税の適用を受けることができます。

根拠条文等（一部抜粋）

○所得税法施行令

●第123条《減価償却資産の償却の方法の選定》

2　居住者は、次の各号に掲げる者の区分に応じ当該各号に定める日の属する年分の所得税に係る確定申告期限までに、その有する減価償却資産と同一の区分に属する減価償却資産につき、当該区分ごとに、第120条第１項又は第120条の２第１項に規定する償却の方法のうちそのよるべき方法を書面により納税地の所轄税務署長に届け出なければならない。

3　平成19年３月31日以前に取得された減価償却資産（以下この項において「旧償却方法適用資産」という。）につき既にそのよるべき償却の方法として旧定額法、旧定率法又は旧生産高比例法を選定している場合において、同年４月１日以後に取得された減価償却資産（以下この項において「新償却方法適用資産」という。）で、同年３月31日以前に取得されるとしたならば当該旧償却方法適用資産と同一の区分に属するものにつき前項の規定による届出をしていないときは、当該新償却方法適用資産については、当該旧償却方法適用資産につき選定した次の各号に掲げる償却の方法の区分に応じ当該各号に定める償却の方法を選定したものとみなす。ただし、当該新償却方法適用資産と同一の区分に属する他の新償却方法適用資産について、次条第一項の承認を受けている場合は、この限りでない。

一　旧定額法　定額法

二　旧定率法　定率法

●第126条《減価償却資産の取得価額》

減価償却資産の第120条から第122条まで《減価償却資産の償却の方法》に規定する取得価額は、別段の定めがあるものを除き、次の各号に掲げる資産の区分に応じ当該各号に掲げる金額とする。

一　購入した減価償却資産　次に掲げる金額の合計額

イ　当該資産の購入の代価（引取運賃、荷役費、運送保険料、購入手数料、関税（関税法第２条第１項第４号の２《定義》に規定する附帯税を除く。）その他当該資産の購入のために要した費用がある場合には、その費用の額を加算した金額）

ロ　当該資産を業務の用に供するために直接要した費用の額

○所得税基本通達

●37－5《固定資産税等の必要経費算入》

業務の用に供される資産に係る固定資産税、登録免許税（登録に要する費用を含み、その資産の取得価額に算入されるものを除く。)、不動産取得税、地価税、特別土地保有税、事業所税、自動車取得税等は、当該業務に係る各種所得の金額の計算上必要経費に算入する。

（注１）　上記の業務の用に供される資産には、相続、遺贈又は贈与により取得した資産を含むものとする。

（注２）　その資産の取得価額に算入される登録免許税については、49－３参照

●49－3《減価償却資産に係る登録免許税等》

減価償却資産に係る登録免許税（登録に要する費用を含む。）をその資産の取得価額に算入するかどうかについては、次による。

⑴　特許権、鉱業権のように登録により権利が発生する資産に係るものは、取得価額に算入する。

⑵　船舶、航空機、自動車のように業務の用に供するについて登録を要する資産に係るものは、取得価額に算入しないことができる。

⑶　⑴及び⑵以外の資産に係るものは、取得価額に算入しない。

（注１）　業務の用に供される資産に係る登録免許税等のうち、取得価額に算入しないものについては、37－５参照

（注２）　業務の用に供されない固定資産に係る登録免許税等については、38－９及び60－２参照

（注３）　上記の減価償却資産には、相続等により取得した減価償却資産を含むものとする。

column　建物に施した造作の耐用年数

○　自己所有建物の内部に施された造作の耐用年数

その造作が建物付属設備に該当する場合を除いて、その施された建物の耐用年数を使用します。

この場合、その建物がコンクリート造りで施した造作が木作りのように、材質や構造等が異なる場合であっても、その造作物を建物から分離して、木造建物の耐用年数等を適用することはできません。

○　賃借物件である建物に施された造作の耐用年数

賃借している建物に施された造作についても、造作が施された建物の耐用年数を使用するのですが、その施された造作の種類、用途、使用材質等を勘案して、合理的に見積った耐用年数を採用することもできます。

ただし、当該建物について賃借期間の定めがあり、かつ、賃借期間の更新のできない契約において、有益費の請求又は買取請求をすることができない契約の場合には、当該賃借期間を造作の耐用年数とすることができます。

(資料)

○耐用年数の適用に関する取扱通達

●１－１－３《他人の建物に対する造作の耐用年数》

法人が建物を貸借し自己の用に供するため造作した場合（現に使用している用途を他の用途に変えるために造作した場合を含む。）の造作に要した金額は、当該造作が、建物についてされたときは、当該建物の耐用年数、その造作の種類、用途、使用材質等を勘案して、合理的に見積った耐用年数により、建物附属設備についてされたときは、建物附属設備の耐用年数により償却する。

ただし、当該建物について賃借期間の定めがあるもの（賃借期間の更新のできないものに限る。）で、かつ、有益費の請求又は買取請求をすることができないものについては、当該賃借期間を耐用年数として償却することができる。（昭46年直法４－11「１」、平23年課法２－17「一」により改正）

(注)　同一の建物（一の区画ごとに用途を異にしている場合には、同一の用途に属する部分）についてした造作は、その全てを一の資産として償却をするのであるから、その耐用年数は、その造作全部を総合して見積ることに留意する。

●1－2－3《建物の内部造作物》

建物の内部に施設された造作については、その造作が建物附属設備に該当する場合を除き、その造作の構造が当該建物の骨格の構造と異なっている場合においても、それを区分しないで当該建物に含めて当該建物の耐用年数を適用する。

したがって、例えば、旅館等の鉄筋コンクリート造の建物について、その内部を和風の様式とするため特に木造の内部造作を施設した場合においても、当該内部造作物を建物から分離して、木造建物の耐用年数を適用することはできず、また、工場建物について、温湿度の調整制御、無菌又は無じん空気の汚濁防止、防音、遮光、放射線防御等のために特に内部造作物を施設した場合には、当該内部造作物が機械装置とその効用を一にするとみられるときであっても、当該内部造作物は建物に含めることに留意する。

2　自宅の売却

相談の背景

私は年金暮らしですが、妻が死亡したことから、息子夫婦と一緒に住むことにしました。

しかし、私の自宅は狭いことから、息子の家に住むことになりました。

そのため、私の自宅は売却する予定ですが、自宅を売却したとき、多額な税金が課されるのではないかと心配しています。

相談Ｉ

●不動産を売却したときの税金

息子夫婦の家で暮らすことになったことから、私の自宅は売却することにしました。

自宅が売却できたとき、どのような税金が課されるのでしょうか。

回答Ｉ

所得税（復興特別所得税と住民税（道府県民税と市町村民税とを合わせた総称のことです。）を含みます。）が課されます。

回答Ｉのポイント① ▶▶▶ 不動産の譲渡は分離課税

所得税法は、所得金額については、収入金額の発生源泉別により10種類に区分して計算し、各種所得の金額を合算して総合所得金額を求め、その総合所得金額から納付する税額を求める仕組みになっています。

そして、個人が土地や建物を売却したときは、土地や建物を所有していた期間に係る値上益を、売却したときに所得（譲渡所得）としてとらえ、所得税などの税を課すとしています。

しかし、不動産の譲渡による所得については、他の所得と合算せずに、分離独立して所得金額や納付税額を求めます。

なお、自宅として使用していた土地建物は、事業用資産の売却ではないので、その売却に際して、消費税は課税されません。

回答Ⅰのポイント②　▶▶▶　長期譲渡所得と短期譲渡所得

分離譲渡所得の金額は、譲渡した土地等の所有期間が5年を超える場合は長期譲渡所得として、5年以下のときは短期譲渡所得として、それぞれ区分して所得の金額を計算します。そして、この5年の判定は、譲渡した年の1月1日現在における所有期間をもって判断します。

このことから、底地を購入して売却した場合、借地権部分（上地部分）と底地権部分とでは、所有期間が異なります。そのため、長期間借りていた土地の底地を購入してその土地を売却したときは、借地権部分は長期譲渡所得になりますが、底地部分は購入して5年以内の売却であれば、短期譲渡所得となりますので、それぞれ区分して譲渡所得の金額や税額を計算します。

なお、底地部分を取得してすぐに売却したのであれば、底地部分の売却について、売却損益は発生していないものと推認されます。

回答Ⅰのポイント③　▶▶▶　分離譲渡所得の損益通算

分離譲渡所得については、所得金額が損失になった場合、その損失を他の黒字の所得が補填する損益通算の適用についても、同じ分離譲渡所得の金額としか損益通算することができません。分離譲渡所得の金額は、総合所得の金額と損益通算することはできません。

ただし、自宅を売却したときに生じた損失については、その売却が親族以外の人になされたものであるなど、一定要件を満たす場合に限り、総合所得と損益通算をすることができ、その損益通算をしても控除しきれない損失が残ったときは、翌年以後３年間繰り越すことができる、特定のマイホームの譲渡損失の損益通算及び繰越控除の特例が設けられています。

相談Ⅱ

●税額の計算

自宅として使用していた土地建物を売却したとき、税金はどれくらい掛かるのですか。

回答Ⅱ

不動産を売却したときは、所得税と住民税が課されます。税額は、売却した年の１月１日現在において、売却した資産の所有期間が５年以下のときは売却益に39％の税率で、５年を超えているときは同20％の税率により求めた金額です。

回答Ⅱのポイント1 ▶▶▶ 特別控除

不動産を売却したときの分離譲渡所得の金額については、多くの種類の特別控除の規定が設けられています。

自宅を売却したときに適用が受けられる特別控除は「居住用財産を譲渡したときの特別控除」です。

この特別控除の適用を受けるためには、自宅として使用しなくなってから３年が経過する日が属する年の年末までに売却するなど、いくつかの要件があります。そして、それら要件を全て満たしている場合には、売却益から3000万円（売却益の金額が限度）の特別控除額を控除することができます。そのため、自宅の売却益に係る税金は、それほど多額な金額には至らないと思われます。

なお、自宅を売却した年に新たに自宅を購入している場合、売却した自宅に係る譲渡所得の計算において、居住用財産を譲渡したときの特別控除の適用を受けるときは、その年に借入金をもって自宅を購入していたとしても、住宅借入金等特別控除の適用を受けることはできません。これら特例は、いずれか一方のみの選択適用となります。

回答Ⅱのポイント2 ▶▶▶ 税額の計算

売却した土地建物の所有期間が、売却した年の１月１日現在において５年以下である場合は短期譲渡所得として、５年を超えている場合は長期譲渡所得として、それぞれ区別して税額の計算を行います。

そして、これらの所得は総合所得と合算しないで、納付する税額を求めますが、課税短期譲渡所得に適用される税率は、所得金額の多寡にかかわらず39％（＝所得税30％＋住民税９％《＝道府県民税3.6％＋市町村民税5.4％》の税率が適用されます。同様に、課税長期譲渡所得の場合は、20％（＝所得税15％＋住民税５％《＝道府県民税２％＋市町村民税３％》）の税率となります。

回答Ⅱのポイント3 ▶▶▶ 軽減税率

売却した自宅の所有期間が土地と建物共に10年を超えているときは、居住用の3000万円控除額を控除した後の課税所得金額に対して適用される税率は、通常の税率より５％低い軽減税率の適用が受けられます。

具体的には、所有期間が10年を超える課税分離長期譲渡所得に適用される税率は、課税所得金額が6000万円までの部分については14%（=所得税10%+住民税4%）で、6000万円を超える部分については20%（=所得税15%+住民税5%）という軽減税率になります。

※　実際に納付する税額は、上記の他に、所得税の0.21%に相当する復興特別所得税が課されます。

相談Ⅲ

●特別な譲渡

私の自宅は、土地と建物の所有者が異なっています。土地と建物の所有者が異なっているときであっても、居住用財産を譲渡したときの特別控除の適用を受けることができますか。

回答Ⅲ

土地と建物の所有者が異なるとき、どのような状況であっても特別控除の適用が受けられるわけではありませんが、一定の要件が満たされれば、特例規定の適用を受けることかができます。

回答Ⅲのポイント① ▶▶▶ 土地と建物の所有者が異なる

売却する自宅の土地と建物の所有者が異なる場合であっても、それぞれの所有者が生計を一にする配偶者や親族であるなどのときは、居住用財産の特別控除額は、まず建物の売却益から控除します。そして、控除額の全額を使いきれずに残額があるときは、その未控除額については、土地の売却益から控除することができます。

回答Ⅲのポイント② ▶▶▶ 財産分与

離婚に際して妻に自宅を財産分与として渡すことになっ

た場合、不動産を財産分与とすると、それは、税務上では不動産を時価で譲渡したとして扱われます。

この自宅を譲渡したとされたときの譲渡所得の計算において、居住用財産を譲渡したときの特別控除の扱いについてですが、通常であれば、妻に対して譲渡したときは、この特別控除の適用はありません。

しかし、離婚の場合、離婚により妻が取得したのは財産分与請求権であり、その後において、この財産分与請求権は、自宅を引き渡すことにより清算されたと考えられます。このことから、夫が離婚するときに、自宅に居住していたのであれば、自宅の土地建物を財産分与として妻に渡したとしても、特別控除の適用を受けることができます。

回答Ⅲのポイント3 ▶▶▶ 相続した被相続人の自宅売却

被相続人が自宅として使用していた土地建物を相続したときで、相続人が当該家屋に住まないときは、この家屋はそのままにされてしまうことが多くあります。

そのため、その土地建物を売却したときの譲渡所得の扱いについて、その家屋が昭和56年５月31日以前に建築されたものであることや、売却代金が１億円以下であることなど、一定の要件を満たしている売却であるときは、その土地建物の売却に係る分離譲渡所得の金額の計算において、居住用財産を譲渡した場合の3000万円の特別控除の適用が受けられることになっています。

ただし、この特例の適用が受けられるのは、令和５年12月31日までに売却された場合に限られます。

根拠条文等（一部抜粋）

○租税特別措置法

●第31条《長期譲渡所得の課税の特例》

個人が、その有する土地若しくは土地の上に存する権利又は建物及びその附属設備若しくは構築物で、その年1月1日において所有期間が5年を超えるものの譲渡をした場合には、当該譲渡による譲渡所得については、所得税法第22条及び第89条並びに第165条の規定にかかわらず、他の所得と区分し、その年中の当該譲渡に係る譲渡所得の金額（長期譲渡所得の金額という。）に対し、長期譲渡所得の金額の100分の15に相当する金額に相当する所得税を課する。

3　第1項の規定の適用がある場合には、次に定めるところによる。

二　所得税法第69条の規定の適用については、同条第1項中「譲渡所得の金額」とあるのは「譲渡所得の金額（租税特別措置法第31条第1項（長期譲渡所得の課税の特例）に規定する譲渡による譲渡所得がないものとして計算した金額とする。）」と、「各種所得の金額」とあるのは「各種所得の金額（長期譲渡所得の金額を除く。）」とする。

●第31条の3《居住用財産を譲渡した場合の長期譲渡所得の課税の特例》

個人が、その有する土地等又は建物等でその年1月1日において第31条第2項に規定する所有期間が10年を超えるもののうち居住用財産に該当するものの譲渡をした場合には、当該譲渡による譲渡所得については、第31条第1項前段の規定により当該譲渡に係る課税長期譲渡所得金額に対し課する所得税の額は、同項前段の規定にかかわらず、次の各号に掲げる場合の区分に応じ当該各号に定める金額に相当する額とする。

一　課税長期譲渡所得金額が6000万円以下である場合　当該課税長期譲渡所得金額の100分の10に相当する金額

二　課税長期譲渡所得金額が6000万円を超える場合　次に掲げる金額の合計額

イ　600万円

ロ　当該課税長期譲渡所得金額から6000万円を控除した金額の100分の15に相当する金額

●第32条《短期譲渡所得の課税の特例》

個人が、その有する土地等又は建物等で、その年1月1日において第31条第2項に規定する所有期間が5年以下であるものの譲渡をした場合には、当該譲渡による譲渡所得については、所得税法第22条及び第89条並びに第165条の規定にかかわらず、他の所得と区分し、その年中の当該譲渡に係る譲渡所得の金額に対し、課税短期譲渡所得金額（短期譲渡所得の金額という。）の100分の30に相当する金額に相当する所得税を課する

4　第31条第３項の規定は、第１項又は第２項の規定の適用がある場合について準用する。この場合において、同条第３項第１号中「第31条第１項（長期譲渡所得の課税の特例）（同法第31条の２（優良住宅地の造成等のために土地等を譲渡した場合の長期譲渡所得の課税の特例）又は第31条の３（居住用財産を譲渡した場合の長期譲渡所得の課税の特例）の規定により適用される場合を含む。以下同じ。）」とあるのは「第32条第１項又は第２項（短期譲渡所得の課税の特例）」と、「長期譲渡所得の金額」とあるのは「短期譲渡所得の金額」と、同項第２号中「第31条第１項（長期譲渡所得の課税の特例）に規定する譲渡による譲渡所得」とあるのは「第32条第１項（短期譲渡所得の課税の特例）に規定する譲渡による譲渡所得又は同条第２項に規定する譲渡による所得」と、「長期譲渡所得の金額」とあるのは「短期譲渡所得の金額」と、同項第３号中「長期譲渡所得の金額」とあるのは「短期譲渡所得の金額」と、同項第４号中「第31条第１項」とあるのは「第32条第１項又は第２項」と、「長期譲渡所得の課税の特例」とあるのは「短期譲渡所得の課税の特例」と、「課税長期譲渡所得金額」とあるのは「課税短期譲渡所得金額」と読み替えるものとする。

●第35条

個人の有する資産が、居住用財産を譲渡した場合に該当することとなった場合には、その年中にその該当することとなった全部の資産の譲渡に対する第31条又は第32条の規定の適用については、次に定めるところによる。

一　第31条第１項中「長期譲渡所得の金額」とあるのは、「長期譲渡所得の金額から3000万円を控除した金額」とする。

二　第32条第１項中「短期譲渡所得の金額」とあるのは、「短期譲渡所得の金額から3000万円を控除した金額」とする。

11　第１項の規定は、その適用を受けようとする者の同項に規定する資産の譲渡をした日の属する年分の確定申告書に、同項の規定の適用を受けようとする旨その他の財務省令で定める事項の記載があり、かつ、当該譲渡による譲渡所得の金額の計算に関する明細書その他の財務省令で定める書類の添付がある場合に限り、適用する。

●第41条の５《居住用財産の買換え等の場合の譲渡損失の損益通算及び繰越控除》

個人の平成16年分以後の各年分の譲渡所得の金額の計算上生じた居住用財産の譲渡損失の金額がある場合には、第31条第１項後段及び第３項第２号の規定にかかわらず、当該居住用財産の譲渡損失の金額については、所得税法第69条第１項の規定その他の所得税に関する法令の規定を適用する。ただし、当該個人がその年の前年以前３年内の年において生じた当該居住用財産の譲渡損失の金額以外の居住用財産の譲渡損失の金額につきこの項の規定の適用を受けているときは、この限りでない。

○租税特別措置法施行令

●第26条の７《居住用財産の買換え等の場合の譲渡損失の損益通算及び繰越控除》

法第41条の５第４項に規定する通算後譲渡損失の金額に相当する金額は、その年分の法第31条第１項に規定する長期譲渡所得の金額、法第32条第１項に規定する短期譲渡所得の金額、総所得金額、山林所得金額又は退職所得金額から順次控除する。

○租税特別措置法基本通達

●35－２《居住用土地等のみの譲渡》

その居住の用に供している家屋を取り壊し、その家屋の敷地の用に供されていた土地等を譲渡した場合において、当該土地等の譲渡が次に掲げる要件の全てを満たすときは、当該譲渡は、措置法第35条第２項各号に規定する譲渡に該当するものとして取り扱う。

ただし、その居住の用に供している家屋の敷地の用に供されている土地等のみの譲渡であっても、その家屋を引き家して当該土地等を譲渡する場合には、当該譲渡は、同項各号に規定する譲渡に該当しない。

⑴　当該土地等の譲渡に関する契約が、その家屋を取り壊した日から１年以内に締結され、かつ、その家屋を居住の用に供されなくなった日以後３年を経過する日の属する年の12月31日までに譲渡したものであること。

⑵　その家屋を取り壊した後譲渡に関する契約を締結した日まで、貸付けその他の用に供していない当該土地等の譲渡であること。

column　売却原価がわからない

土地建物は購入してから売却するまで、非常に長い年月の掛かる場合を多く見受けます。そのため、売却時において、購入時の売買契約書がみつからず、売却原価（取得費）がわからないという場合があります。

このような場合、売却価額の５％相当額をその売却した資産の取得費とみなして、譲渡所得金額を求めることになります。

しかし、この方法のほかにも、建物の標準的な建築価額表に掲載してある１㎡当たりの標準的な建築価額を基にしてその建物当初の建築価額を求め、この金額を基にして売却原価を求める方法もあります。

そのほか、土地の取得価額がわからないとき、指数により当該土地の価額を求める方法等もあります。

(資料)

○所得税法

●第38条《譲渡所得の金額の計算上控除する取得費》

譲渡所得の金額の計算上控除する資産の取得費は、別段の定めがあるものを除き、その資産の取得に要した金額並びに設備費及び改良費の額の合計額とする。

2　譲渡所得の基因となる資産が家屋その他使用又は期間の経過により減価する資産である場合には、前項に規定する資産の取得費は、同項に規定する合計額に相当する金額から、その取得の日から譲渡の日までの期間のうち次の各号に掲げる期間の区分に応じ当該各号に掲げる金額の合計額を控除した金額とする。

一　その資産が不動産所得、事業所得、山林所得又は雑所得を生ずべき業務の用に供されていた期間　第49条第１項《減価償却資産の償却費の計算及びその償却の方法》の規定により当該期間内の日の属する各年分の不動産所得の金額、事業所得の金額、山林所得の金額又は雑所得の金額の計算上必要経費に算入されるその資産の償却費の額の累積額

二　前号に掲げる期間以外の期間　第49条第１項の規定に準じて政令で定めるところにより計算したその資産の当該期間に係る減価の額

○租税特別措置法

●第31条の４《長期譲渡所得の概算取得費控除》

個人が昭和27年12月31日以前から引き続き所有していた土地等又は建物等を譲渡した場合における長期譲渡所得の金額の計算上収入金額から控除する取得費は、所得税法第38条及び第61条の規定にかかわらず、当該収入金額の100分の５に相当する金額とする。ただし、当該金額がそれぞれ次の各号に掲げる金額に満たないことが証明された場合には、当該各号に掲げる金額とする。

一　その土地等の取得に要した金額と改良費の額との合計額

二　その建物等の取得に要した金額と設備費及び改良費の額との合計額につき所得税法第38条第２項の規定を適用した場合に同項の規定により取得費とされる金額

3 損害の賠償金

相談の背景

私の事業の使用人が得意先で商品の納入作業を行っていたとき、フォークリフトの操作を誤り、得意先の商品や備品を破損し、かつ、得意先従業員に怪我を負わせてしまいました。

責任は当方にありますので、先方が被った損害については、賠償しようと考えています。

相談Ⅰ

●損害賠償金

今回得意先に与えた損害は、私の使用人が不注意により起こした事故に起因したものですから、その損害額が決まれば、全額賠償金として支払おうと考えています。私が得意先に支払うこの賠償金は、全額必要経費に計上できますか。

回答Ⅰ

使用人が起こした事故の原因が、その事業を営む者の故意又は重大な過失や不法行為（以下「故意等」）に基づくものでないのであれば、その損害に対して支払う賠償金は、全額必要経費に計上することができます。

回答Ⅰのポイント1 ▶▶▶ 支出の名目

損害を与えた相手に支払う賠償金は、相手方に与えた損害を補填するために支出する金品のことです。ですから、その支払の実質が、相手方に与えた損害を補填するためのものであれば、慰謝料、示談金、見舞金など、どのような名目で支払われたとしても、税務上は、全て賠償金として扱います。

回答Ⅰのポイント[2] ▶▶▶ 賠償金の扱い

賠償金は、事業上の行為が相手方に損害を与えた場合にその損害を補填するために支出するものですから、その事業を営む者に故意等がないのであれば、その事故等を起こした使用人に故意等があったとしても、賠償金を必要経費に算入することができます。

しかし、事業を営む者に故意等があったときは、その事故等を起こした使用人に故意等がないときであっても、その賠償金を必要経費に算入することはできません。

なお、賠償金をその使用人への貸付金として処理した場合であっても、その使用人の支払能力から見て返済を受けることが不可能であると認められる部分の金額については、貸倒処理が認められます。

ただし、返済が可能と認められる部分の金額について返済免除をしたときは、その免除した金額は、その使用人に対する給与となります。

回答Ⅰのポイント[3] ▶▶▶ 業務に関連している行為

賠償金を必要経費に計上できる場合とは、事業を営む者に故意等がない場合だけでなく、その行為が業務上の行為であることが必要になります。もし、使用人が業務以外の行為により損害を与えたことに係る賠償金を負担したのであれば、その負担額は、事故等を起こした使用人に対する給与として扱います。

ただし、家族従業員以外の使用人の事業に関連しない行為に関する賠償金を負担した場合であっても、雇用主としての立場上やむを得ず負担した賠償金については、必要経費に算入することができます。

相談Ⅱ

●損金の確定時期

現在、賠償金の金額について得意先と協議していますが、得意先は、私が申し出た賠償金の金額に納得していません。結論が出るのは来年以降になりそうですが、この賠償金について、今年はどのような処理をするのでしょうか。

回答Ⅱ

年末までに賠償金の金額が確定しなければ、賠償金は今年の必要経費に計上することはできません。

ただし、当方から相手方に申し出ている賠償金の金額については、支払うことが確定していると思われますので、その申出額は、未払経理により今年の必要経費に計上することができます。

回答Ⅱのポイント1　▶▶▶　損金計上時期

賠償金は、その相手方に与えた損害を補填するための支出ですから、特段の事情がなければ、その支払った金員は必要経費に計上することができます。

しかし、所得税法は、その年において債務の確定しないものは必要経費から除くと規定しています。よって、その年の年末までに債務が確定しなかった費用については、その債務が確定した年の必要経費に計上することになります。

なお、この『債務が確定した』とは、次の要件を全て満たしたときとなります。

i　その支払をしなければならない原因となる事実が発生していること。

ii　支払うべき債務が成立していること。

iii　支払う金額が合理的に算定されたこと。

回答Ⅱのポイント③ ▶▶▶ 計上時期の例外

賠償金の金額が年末までに決まらなかったときであっても、その年の年末までに、相手方に賠償金として支払う旨申し出た金額については、相手方の承諾等がないときであっても、その申し出た金額までは支払うことが確定していますので、現実にその支払が行われていなくても、未払処理をすれば、その年の必要経費に計上することができます。

なお、相手方が当方の申出額を受け取らない場合には、法務局などの供託所に供託すればよいとされています。

回答Ⅱのポイント③ ▶▶▶ 過年度の賠償金

賠償金は、損害を与えた年の必要経費に計上しますが、その損害を与えた年において、賠償金の金額が確定していなかった、あるいは、支払期日が到来していなかったなどの理由により、その損害を与えた年において必要経費に計上していないことがあります。このようなときは、その賠償金を実際に支払った年の必要経費に計上すればよいことになっています。

相談Ⅲ

●訴訟費用

賠償金の金額決定協議は、結論を出せる状況にないので、訴訟に発展するのではないかと危惧しています。

もし、この協議が訴訟になってしまった場合、その訴訟に関する諸費用は、どのような扱いとなるのでしょうか。

回答Ⅲ

> 訴訟に係る費用であっても、通常の費用に関する扱いと変わりません。その支出に係る具体的な事実が今年中に発生しており、かつ、支払わなければならないことが今年中に確定したのであれば、その費用は今年の債務として確定しています。よって、年末までにその支払をしていないとしても、その確定した費用は、今年の必要経費に計上することになります。

回答Ⅲのポイント1 ▶▶▶ 訴訟関係費用

訴訟に係る費用であっても、通常の費用に関する扱いと変わりありません。その年の年末までに、支払う金額が確定し、かつ、支払わなければならないことも確定したのであれば、その費用は、その年の必要経費に計上することになります。

回答Ⅲのポイント2 ▶▶▶ 弁護士費用

事業上の費用を必要経費に計上するためには、債務の確定が要件になっていますので、弁護士報酬の扱いは次のようになります。

i　着手金

弁護士に業務の依頼をしたときに支払う着手金は、弁護士が事件を受任したことに基づいて請求された報酬であり、原則として返還されませんので、支払った日の属する年の必要経費に計上します。

ii　業務報酬

弁護士報酬は着手金だけでなく、弁護士に業務を委託したときに締結した契約に基づいて、時々に業務執行に係る報酬を支払うことになります。この業務執行報酬は、その請求がされた年の必要経費となります。

ただし、これら報酬のうち、仮払的な支払や役務の提供を受けていない部分の報酬については、その支払が行われていたとしても、必要経費に計上することはできません。これらの報酬については、その役務の提供を受けた日、あるいは支払うことが確定した日の属する年の必要経費になります。

回答Ⅲのポイント3 ▶▶▶ 申し出た賠償金

賠償金の請求を受けたとき、当方から申し出た賠償金の金額に相手方が納得しないときは、結論が出るまでに時間が掛かります。

しかし、今後の交渉において、その申し出た金額よりも少ない金額で決着が付くとは考えられませんので、その申し出た金額の賠償金については、申し出た年の必要経費に計上することができます。

根拠条文等（一部抜粋）

○所得税法

●第37条《必要経費》

その年分の不動産所得の金額、事業所得の金額又は雑所得の金額の計算上必要経費に算入すべき金額は、別段の定めがあるものを除き、これらの所得の総収入金額に係る売上原価その他当該総収入金額を得るため直接に要した費用の額及びその年における販売費、一般管理費その他これらの所得を生ずべき業務について生じた費用（償却費以外の費用でその年において債務の確定しないものを除く。）の額とする。

●第45条《家事関連費等の必要経費不算入等》

居住者が支出し又は納付する次に掲げるものの額は、その者の不動産所得の金額、事業所得の金額、山林所得の金額又は雑所得の金額の計算上、必要経費に算入しない。

八　損害賠償金（これに類するものを含む。）で政令で定めるもの

○所得税法施行令

●第98条《必要経費に算入されない貸物割に係る延滞税等の範囲》

2　法第45条第１項第８号に規定する政令で定める損害賠償金は、同項第１号に掲げる経費に該当する損害賠償金のほか、不動産所得、事業所得、山林所得又は雑所得を生ずべき業務に関連して、故意又は重大な過失によって他人の権利を侵害したことにより支払う損害賠償金とする。

○所得税基本通達

●37－25《民事事件に関する費用》

業務を営む者が当該業務の遂行上生じた紛争又は当該業務の用に供されている資産につき生じた紛争を解決するために支出した弁護士の報酬その他の費用は、次に掲げるようなものを除き、その支出をした日の属する年分の当該業務に係る所得の金額の計算上必要経費に算入する。

⑷　他人の権利を侵害したことによる損害賠償金（これに類するものを含む。）で、法第45条第１項の規定により必要経費に算入されない同項第８号に掲げるものに関する紛争に係るもの

●45－６《使用人の行為に基因する損害賠償金等》

業務を営む者が使用人（家族従業員を含む。）の行為に基因する損害賠償金（これに類するもの及びこれらに関連する弁護士の報酬等の費用を含む。）を負担した場合には、次によるものとする。

⑴　当該使用人の行為に関し業務を営む者に故意又は重大な過失がある場合には、当該使用人に故意又は重大な過失がないときであっても、当該業務に係る所得の金額の計算上必要経費に算入しない。

⑵　当該使用人の行為に関し業務を営む者に故意又は重大な過失がない場合には、当該使用人に故意又は重大な過失があったかどうかを問わず、次による。

イ　業務の遂行に関連する行為に基因するものは、当該使用人の従事する業務に係る所得の金額の計算上必要経費に算入する。

ロ　業務の遂行に関連しない行為に基因するものは、家族従業員以外の使用人の行為に関し負担したもので、雇用主としての立場上やむを得ず負担したものについては、当該使用人の従事する業務に係る所得の金額の計算上必要経費に算入し、その他のもの（家族従業員の行為に関し負担したものを含む。）については、必要経費に算入しない。

●45－７《損害賠償金に類するもの》

法第45条第１項第８号かっこ内に規定する「これに類するもの」には、慰謝料、示談金、見舞金等の名目のいかんを問わず、他人に与えた損害を補填するために支出する一切の費用が含まれる。

●45－８《重大な過失があったかどうかの判定》

令第98条第２項《必要経費に算入されない貨物割に係る延滞税等の範囲》に規定する重大な過失があったかどうかは、その者の職業、地位、加害当時の周囲の状況、侵害した権利の内容及び取締法規の有無等の具体的な事情を考慮して、その者が払うべきであった注意義務の程度を判定し、不注意の程度が著しいかどうかにより判定するものとし、次に掲げるような場合には、特別な事情がない限り、それぞれの行為者に重大な過失があったものとする。

⑴　自動車等の運転者が無免許運転、高速度運転、酔払運転、信号無視その他道路交通法第４章第１節《運転者の義務》に定める義務に著しく違反すること又は雇用者が超過積載の指示、整備不良車両の運転の指示その他同章第３節《使用者の義務》に定める義務に著しく違反することにより他人の権利を侵害した場合

⑵　劇薬又は爆発物等を他の薬品又は物品と誤認して販売したことにより他人の権利を侵害した場合

column 「過失」と「重大な過失」

「過失」とは、注意義務違反のことであり、一般的に求められている注意をしていれば、回避することができたであろうと考えられる場合の注意義務違反のことをいいます。

これに対して「重大な過失」とは、不注意の度合いがはなはだしく大きな場合の注意義務違反のことですが、その不注意の度合いに関する基準は、必ずしも明らかではありません。その人の職業や加害当時の状況その他、具体的な事情を考慮して、その人が払うべきであった注意義務の程度から、その不注意の程度が著しかったかどうかで判断します。

なお、裁判では、次のような判断が行われています。

判例①（東京地裁平成２年３月28日判決）

運送業者は、運送品を車に積み込んだときは、積込口の扉を施錠する等して走行中に開扉することのないよう確認しておくべき注意義務があり、これを怠ったことにより荷物が落下し紛失したときは、運送業者に重大な過失がある。

判例②（東京地裁平成元年４月20日判決）

運送人の支配下にある運送品が紛失したとき、運送人にはその原因の立証責任があり、原因不明で紛失の立証ができないときは、運送人に重大な過失がある。

判例③（東京地裁昭和57年２月10日判決）

本船の乗組員は、荷物室の通風筒は水密性を供えておらず、通風弁が開の状態にあるにもかかわらず、荒天に備えて帆布カバーを十分に固定しなかったため、積荷に濡損が生じたときは、船舶所有者の履行補助者である乗組員に、重大な過失がある。

4 売上の計上時期

相談の背景

私は金属加工業を営む中小事業者ですが、売上高が伸び悩み経営が悪化し始めています。

その改善策として、製造コスト削減を実現させるために、コンピューター制御の大型機械を購入しました。私の事業所では新しいタイプの機械なので、新規の得意先を増やして、売上げを伸ばしたいと考えています。

相談Ⅰ

●収入計上日

私の工場では従来から、売上の計上日は、製品を工場から出荷した日として処理してきました。

しかし、新しく取引を始めた得意先の中には、納入した製品について、得意先が独自検査を行い、その検査終了日をもって受入日としている得意先があります。私の工場の製品については、得意先に納品してから検査が終了する日までに、１週間前後の日数が掛かります。この得意先への売上計上日は、いつにしたらよいのでしょうか。

回答Ⅰ

得意先の検査終了日が、売上計上日となります。

回答Ⅰのポイント1 ▶▶▶ 収益計上日の原則

税務における収益の計上日は、目的物を相手方に引き渡した日をもって、収益の計上日とすることが原則的な扱いです。

棚卸資産の場合の売上計上日は、例えば、出荷日、船積日、検収・検針日など、これらのうちのいずれかの日で、売上計上日として合理的と認められる日となります。

ただし、一度採用した方法は、当分の間は継続してその日を売上高計上日として処理することが必要です。

回答Ⅰのポイント② ▶▶▶ 検収終了日

製品を得意先に納めた後に相手方において製品の検査が行われて、この検査に合格しなければ納入とは認められない場合、製品を相手方に引き渡しただけでは、納品したことになりません。相手方の検査が合格となった時点で納品したことになります。であれば、このような場合は、相手方の検収が終了した日をもって売上高を計上することになります。

回答Ⅰのポイント③ ▶▶▶ 収入すべき金額

所得税法は、売上高に計上する金額は、収入すべき金額であると定めています。

つまり、相手方との契約により、対価として収受すべき金額を売上高に計上するという意味です。法人税法のように、時価をもって収入とする訳ではありません。

相談Ⅱ

●単価

新製品のため、未だ販売単価が決まっていない製品があります。しかし、得意先が急ぐというので、既に製品の納入を開始しています。

この製品は、どのような金額で売上高に計上すればよいのでしょうか。

合理的な方法で販売単価を見積り、その単価を基にして売上高を計上します。

回答Ⅱのポイント1 ▶▶▶ 単価の見積もり

新製品であるなどの理由により、販売単価がまだ決まっていなくても、得意先の要求などにより、既に納入済みの製品がある場合、それら納入した製品については、納入した年の売上高に計上しなければなりません。

販売単価が決まっていない製品を売上高に計上するとき、売上高の金額はどのようにして決めるのかというと、年末において、その販売単価を合理的な方法により見積もり、その見積った価額を基にして、売上高を計上することになります。

回答Ⅱのポイント2 ▶▶▶ 金額の訂正

見積単価に基づいて売上高を計上していたときにおいて、後日になり販売単価が確定したとき、見積単額と販売単価とに差額が生じる場合があります。そのようなときの差額については、その差額が確定した日の属する年において、訂正処理することになります。

回答Ⅱのポイント3 ▶▶▶ 消費税の修正

過年度に計上した収入金額が、返品や値引き等により異なることに至ったときは、その取引による消費税の修正も必要になりますが、消費税も所得税や法人税と同様に、その異なることが確定した年において修正処理（預り消費税の増減額処理）すればよいことになっています。

相談Ⅲ

●仕掛品

このたび、新たに受注した製品には、私の工場が製作した後、外注先での加工を終えなければ得意先に納入できない製品があります。私の工場は、この製品の製作を終えると外注先に製品を送り、外注先が加工を終えると、製品は直接、外注先から得意先に納入されます。

今年の年末において、私の工場では、この製品の製作は終了していますが、外注先の加工が終了していない製品があり、外注先から、その在庫分について報告を受けました。

この外注先に在庫として保管されている製品の売上計上日は、いつになりますか。

回答Ⅲ

外注先が、その製品を得意先に納入した日が、売上計上日となります。

回答Ⅲのポイント1 ▶▶▶ 納入日

税法が収入を計上する日と定めている日は、対象物を相手方に引き渡した日としています。

よって、受注を受けた製品の売上計上日は、その製品を得意先に納入した日をもって売上計上日とします。

回答Ⅲのポイント2 ▶▶▶ 仕掛品

あなたの工場の製作と外注先の加工の双方が終了してはじめて、製品として得意先に納入することができるのであれば、あなたの工場の製作は終了していたとしても、外注先の加工が終了していませんので、その製品は仕掛品の状態であり完成品になっていません。

よって、この製品は仕掛品として処理しておき、外注先が得意先に納入した日をもって、売上に計上することになります。

回答Ⅲのポイント3 ▶▶▶ 期末在庫の評価

請負により製作した製品が期末に在庫になっているときの当該製品の評価については、その製品を製作するために要した材料費、労務費、外注費及び経費の額の合計額のほかにも、梱包費や運搬費など、その受注をしてからその年の年末までの期間に要した全ての費用が含まれることになります。

根拠条文等（一部抜粋）

○所得税法

●第36条《収入金額》

その年分の各種所得の金額の計算上収入金額とすべき金額又は総収入金額に算入すべき金額は、別段の定めがあるものを除き、その年において収入すべき金額（金銭以外の物又は権利その他経済的な利益をもって収入する場合には、その金銭以外の物又は権利その他経済的な利益の価額）とする。

○所得税基本通達

●36－８《事業所得の総収入金額の収入すき時期》

事業所得の総収入金額の収入すべき時期は、別段の定めがある場合を除き、次の収入金額については、それぞれ次に掲げる日によるものとする。

(1) 棚卸資産の販売（試用販売及び委託販売を除くによる収入金額らついては、その引き渡しのあった日

●36－８の２《棚卸資産の引渡しの日の判定》

36－８の(1)の場合において、棚卸資産の引渡しの日がいつであるかについては、例えば、出荷した日、船積みをした日、相手方に着荷した日、相手方が検収した日、相手方において使用収益ができることとなった日、検針等により販売数量を確認した日等当該棚卸資産の種類及び性質、その販売に係る契約の内容等に応じその引渡しの日として合理的であると認められる日のうち、その者が継続して収入金額に計上することとしている日によるものとす

る。

●36・37共－１《販売代金の額が確定していない場合の見積り》

事業を営む者がその販売に係る棚卸資産を引き渡した場合において、その引渡しの日の属する年の12月31日までにその販売代金の額が確定していないときは、同日の現況によりその金額を適正に見積もるものとする。

この場合において、その後確定した販売代金の額が見積額と異なるときは、その差額は、その確定した日の属する年分の総収入金額又は必要経費に算入する。

●36・37共－４《請負収益に対応する原価の額》

請負による収入金額に対応する原価の額には、その請負の目的となった物の完成又は役務の履行のために要した材料費、労務費、外注費及び経費の額の合計額のほか、その受注又は引渡しをするために直接要した全ての費用の額が含まれることに留意する。

○消費税法

●第38条《売上げに係る対価の返還等をした場合の消費税額の控除》

事業者が、国内において行った課税資産の譲渡等につき、返品を受け、又は値引き若しくは割戻しをしたことにより、当該課税資産の譲渡等の対価の額と当該対価の額に100分の８を乗じて算出した金額との合計額（税込価額）の全部若しくは一部の返還又は当該課税資産の譲渡等の税込価額に係る売掛金その他の債権の額の全部若しくは一部の減額（売上げに係る対価の返還等）をした場合には、当該売上げに係る対価の返還等をした日の属する課税期間の課税標準額に対する消費税額から当該課税期間において行った売上げに係る対価の返還等の金額に係る消費税額の合計額を控除する。

column 給与の収入の日

給与や賞与に係る収入を計上すべき日は、次に掲げる日となります。

(1) 契約や慣習により給与等を支給する日（支給日）が定められているときはその支給日とし、支給日が定められてないときはその支給を受けた日が、その月（又は週、日）の給与の収入計上日になります。

(2) 役員賞与は、株主総会等により支給金額が確定した決議のあった日ですが、その決議が役員賞与としての支給総額だけだったときは、その後において各人ごとの支給額が確定した日となります。

(3) 給与規定の改定等による既往の期間に係る給与等については、その支給日が定められているときはその支給日とし、支給日が定められていないときは、その改定等の効力が生じた日となります。

(4) いわゆる認定給与等については、その支給日となりますが、支給日が定められてないときは、現実に支給を受けた日となります。

ただし、その日が明らかでないときは、その支給があったとされる日の属する事業年度の終了の日となります。

(資料)

○所得税基本通達

●36－9《給与所得の収入金額の収入すべき時期》

給与所得の収入金額の収入すべき時期は、それぞれ次に掲げる日によるものとする。（昭63直法6－1、直所3－1、平19課法9－1、課審4－11改正）

(1) 契約又は慣習その他株主総会の決議等により支給日が定められている給与等（次の(2)に掲げるものを除く。）についてはその支給日、その日が定められていないものについてはその支給を受けた日

(2) 役員に対する賞与のうち、株主総会の決議等によりその算定の基

礎となる利益に関する指標の数値が確定し支給金額が定められるものその他利益を基礎として支給金額が定められるものについては、その決議等があった日。ただし、その決議等が支給する金額の総額だけを定めるにとどまり、各人ごとの具体的な支給金額を定めていない場合には、各人ごとの支給金額が具体的に定められた日

(3)　給与規程の改訂が既往にさかのぼって実施されたため既往の期間に対応して支払われる新旧給与の差額に相当する給与等で、その支給日が定められているものについてはその支給日、その日が定められていないものについてはその改訂の効力が生じた日

(4)　いわゆる認定賞与とされる給与等で、その支給日があらかじめ定められているものについてはその支給日、その日が定められていないものについては現実にその支給を受けた日（その日が明らかでない場合には、その支給が行われたと認められる事業年度の終了の日）

5 生命保険料

相談の背景

私が営む事業所に退職金規程はありませんが、将来、退職金を支給することもあると思いますので、退職金の原資を確保する目的で、使用人を被保険者とする生命保険に加入しようと考えています。

ただし、保険料は長期間支払い続けることになりますので、保険加入時の資金繰り等を考えて、保険料の金額を決めようと考えています。

相談Ⅰ

●使用人を被保険者とした生命保険契約の締結

事業の使用人を被保険者として生命保険契約を締結した場合、その契約に係る保険料は、事業所得の必要経費になりますか。

回答Ⅰ

所得税法は、業務を遂行していく上において、その支出が必要であるときに、その支出は必要経費になると定めています。

回答Ⅰのポイント1 ▶▶▶ 業務の必要性

退職金規程が設けられていない事業所において使用人が退職したとき、退職金が支給されるかどうかはわかりません。そのため、このような事業所において、退職金の原資を確保するためとして生命保険契約を締結して支払う保険料は、業務の遂行上必要な支出であるとはいえません。

よって、保険料を業務の必要経費に算入させるためには、退職金規程を整備するなどして、退職金を支給することを明らかにしておくことが必要になります。

回答Ⅰのポイント②　▶▶▶　明確に区分

個人事業者が業務において支出した費用を、その業務の必要経費とするためには、その業務の遂行上必要な支出であったとしても、その支出した金額のうち、業務用と非業務用の金額が明確に区分されるものでなければなりません。

よって、保険料を業務の必要経費に算入させるためには、退職金規程を整備するなどして、支給する退職金の金額を明らかにしておく必要があります。

回答Ⅰのポイント③　▶▶▶　保険料と保険金

使用人を被保険者として締結する生命保険契約は、業務に関連していることは確かですが、満期保険金や解約保険金の受取人が事業主になっているときの保険料は、家事関連費となります。

所得税法上、保険料を業務の必要経費とするためには、保険加入の必要性だけでなく、支払を受けた保険金が、業務で使われることが明らかになっていなければなりません。そのため、このような保険料を業務の必要経費に算入させるためには、保険金の金額と退職金の金額が関連している内容の退職金規程を整備しておくことが必要になります。

相談Ⅱ　●業務に必要な保険

退職金規程などを整備して保険に加入したのですが、支払った保険料は、税務上どのように取り扱われるのでしょうか。

回答Ⅱ

支払った保険料については、保険契約の種類（定期保険契約、養老保険契約、定期付養老保険契約）により、処理される方法が異なります。

回答Ⅱのポイント①　▶▶▶　契約の種類

生命保険契約は、基本的には、保険料が掛け捨てになる定期保険、契約が満期を迎えたときに一時金の支給が受けられる養老保険、及び定期付養老保険の３種類の契約あります。

つまり、生命保険契約に係る保険金は、死亡保険金と生存保険金があることになります。よって、この保険金の受取人が誰であるのかにより、保険料の扱い方が異なります。

（注）　これらの契約に係る保険料の取扱いについては、所得税基本通達36－31から同36－１の３までを参照してください。

回答Ⅱのポイント②　▶▶▶　特定の者のみが加入

生命保険の加入が特定の役職等に就いているなどの人に限られ、全ての使用人が保険に加入しているのではないとき、その保険に加入している一部の人だけが利益を受けていることになります。

このような場合の保険料は、その保険に加入している人に対する給与として取り扱うことになります。

回答Ⅱのポイント③　▶▶▶　特約保険料

生命保険契約は、病気や怪我をしたときの入院費用などの給付を目的とした特約を付して締結されることがあります。このような本契約に付された特約に係る保険料は、一定の者のみが保険に加入しているなどの特別な事情がなければ、その全額を必要経費に計上することができます。

相談Ⅲ

●養老保険

養老保険の満期を使用人の定年に合わせた保険契約を締結して、満期一時金をその使用人の退職金に充てることにしました。保険料と保険金はどのような取扱いとなりますか。

回答Ⅲ

養老保険の満期一時金を使用人の退職金の原資に充てることに問題ありませんが、この支払を受けた満期一時金は、事業所得ではなく、一時所得の収入金額として税務申告することになります。

回答Ⅲのポイント1 ▶▶▶ 満期一時金

使用人の定年に合わせて保険の満期が到来することにして、支給を受けた満期一時金をその使用人の退職金に充てることにすれば、問題はありません。

なお、支払を受けた満期一時金は事業主の一時所得の収入金額となりますので、支払った保険料のうち、資産計上していた部分の金額の合計額が、一時所得の計算において「その収入を得るために支出した金額」になります。

回答Ⅲのポイント2 ▶▶▶ 遺族に支給される死亡保険金

使用人を被保険者とし、満期保険金の受取人は事業主、死亡保険金の受取人は使用人の遺族とする養老保険契約において、死亡保険金が使用人の遺族に支給されたとき、資産に計上してきた保険料は、その全額を必要経費に振り替える処理をすることになります。

なお、事業主が負担してきた保険料は、死亡した従業員が負担していたものとみなされますので、遺族は相続税の申告をするとき、この保険金を死亡保険金として取り扱う必要があります。

回答Ⅲのポイント3 ▶▶▶ 家族の加入

事業主が使用人を被保険者として定期付養老保険などに加入する際、その使用人の家族も被保険者に加えて契約を締結した場合であっても、その契約内容により保険料が必要経費とされるのであれば、その家族分も含めた保険料を必要経費に計上してよいことになっています。

根拠条文等（一部抜粋）

○所得税法

●第45条《家事関連費等の必要経費不算入等》

居住者が支出し又は納付する次に掲げるものの額は、その者の不動産所得の金額、事業所得の金額、山林所得の金額又は雑所得の金額の計算上、必要経費に算入しない。

一　家事上の経費及びこれに関連する経費で政令で定めるもの

○所得税法施行令

●第96条《家事関連費》

法第45条第１項第１号《必要経費とされない家事関連費》に規定する政令で定める経費は、次に掲げる経費以外の経費とする。

一　家事上の経費に関連する経費の主たる部分が不動産所得、事業所得、山林所得又は雑所得を生ずべき業務の遂行上必要であり、かつ、その必要である部分を明らかに区分することができる場合における当該部分に相当する経費

○所得税基本通達

●36－31《使用者契約の定期保険に係る経済的利益》

使用者が、自己を契約者とし、役員又は使用人（これらの者の親族を含む。）を被保険者とする養老保険（被保険者の死亡又は生存を保険事故とする生命保険をいい、傷害特約等の特約が付されているものを含むが、36－31の３に定める定期付養老保険を含まない。）に加入してその保険料を支払ったことにより当該役員又は使用人が受ける経済的利益については、次に掲げる場合の区分に応じ、それぞれ次により取り扱うものとする。

⑴　死亡保険金及び生存保険金の受取人が当該使用者である場合……当該役員又は使用人が受ける経済的利益はないものとする。

⑵　死亡保険金及び生存保険金の受取人が被保険者又はその遺族である場合……その支払った保険料の額に相当する金額は、当該役員又は使用人に対する給与等とする。

⑶　死亡保険金の受取人が被保険者の遺族で、生存保険金の受取人が当該使用者である場合……当該役員又は使用人が受ける経済的利益はないものとする。ただし、役員又は特定の使用人（これらの者の親族を含む。）のみを被保険者としている場合には、その支払った保険料の額のうち、その2分の1に相当する金額は、当該役員又は使用人に対する給与等とする。

（注1）　傷害特約等の特約に係る保険料を使用者が支払ったことにより役員又は使用人が受ける経済的利益については、36－31の4参照

（注2）　上記⑶のただし書については、次によることに留意する。

⑴　保険加入の対象とする役員又は使用人について、加入資格の有無、保険金額等に格差が設けられている場合であっても、それが職種、年齢、勤続年数等に応ずる合理的な基準により、普遍的に設けられた格差であると認められるときは、ただし書を適用しない。

⑵　役員又は使用人の全部又は大部分が同族関係者である法人については、たとえその役員又は使用人の全部を対象として保険に加入する場合であっても、その同族関係者である役員又は使用人については、ただし書を適用する。

●36－31の2《使用者契約の定期付養老保険に係る経済的利益》

使用者が、自己を契約者とし、役員又は使用人（これらの者の親族を含む。）を被保険者とする定期保険（一定期間内における被保険者の死亡を保険事故とする生命保険をいい、傷害特約等の特約が付されているものを含む。）に加入してその保険料を支払ったことにより当該役員又は使用人が受ける経済的利益については、次に掲げる場合の区分に応じ、それぞれ次により取り扱うものとする。

⑴　死亡保険金の受取人が当該使用者である場合……当該役員又は使用人が受ける経済的利益はないものとする。

⑵　死亡保険金の受取人が被保険者の遺族である場合……当該役員又は使用人が受ける経済的利益はないものとする。

ただし、役員又は特定の使用人（これらの者の親族を含む。）のみを被保険者としている場合には、当該保険料の額に相当する金額は、当該役員又は使用人に対する給与等とする。

（注1）　傷害特約等の特約に係る保険料を使用者が支払ったことにより役員又は使用人が受ける経済的利益については、36－31の4参照

（注２） 36－31の（注）２の取扱いは、上記(2)のただし書について準用する。

●36－31の３《使用者契約の定期付養老保険に係る経済的利益》

使用者が、自己を契約者とし、役員又は使用人（これらの者の親族を含む。）を被保険者とする定期付養老保険（養老保険に定期保険を付したものをいう。）に加入してその保険料を支払ったことにより当該役員又は使用人が受ける経済的利益については、次に掲げる場合の区分に応じ、それぞれ次により取り扱うものとする。

(1) 当該保険料の額が生命保険証券等において養老保険に係る保険料の額と定期保険に係る保険料の額とに区分されている場合……それぞれの保険料の支払があったものとして、それぞれ36－31又は36－31の２の例による。

(2) (1)以外の場合……36－31の例による。

（注） 傷害特約等の特約に係る保険料を使用者が支払ったことにより役員又は使用人が受ける経済的利益については、36－31の４参照

●36－31の４《使用者契約の傷害特約等の特約を付した保険に係る経済的利益》

使用者が、自己を契約者とし、役員又は使用人（これらの者の親族を含む。）を被保険者とする傷害特約等の特約を付した養老保険、定期保険又は定期付養老保険に加入し、当該特約に係る保険料を支払ったことにより当該役員又は使用人が受ける経済的利益はないものとする。ただし、役員又は特定の使用人（これらの者の親族を含む。）のみを傷害特約等に係る給付金の受取人としている場合には、当該保険料の額に相当する金額は、当該役員又は使用人に対する給与等とする。

column　家族従業員

事業者が、従業員を被保険者として生命保険に加入したとき、保険契約の内容により、その保険料の全部又は一部を、必要経費に計上することができます。

しかし、特定の従業員のみを被保険者として加入しているときの保険料は、その従業員の給与として必要経費に計上することになります。

なお、法人が、従業員の全員を被保険者として保険に加入した場合であっても、従業員の全部又は大部分が同族関係者である場合は、その同族関係者である従業員に係る保険料は、これら従業員への給与として必要経費に計上することになります。

(資料)

○所得税基本通達

●36−31(3)の注書

(2)　役員又は使用人の全部又は大部分が同族関係者である法人については、たとえその役員又は使用人の全部を対象として保険に加入する場合であっても、その同族関係者である役員又は使用人については、ただし書を適用する。

6 離婚

相談の背景

妻と離婚することになりました。

現在、財産分与などについて協議していますが、妻と共有で購入した自宅マンションの私の持分は、妻へ財産分与や慰謝料として、一時金と一緒に渡すことになると思います。

このような財産分与にはどのような税金が課されるのか心配です。

相談Ⅰ

●不動産を分与

私から妻へ財産分与として、自宅として住んでいるマンションの私の持分を引き渡すことになると思います。自宅のマンション持分を財産分与として妻に渡すことになったとき、税金の扱いはどのようになりますか。

回答Ⅰ

マンションを財産分与として渡したとき、税務上はマンション持分を譲渡したとされて、分与した人に、譲渡所得税の課税が行われます。

回答Ⅰのポイント1 ▶▶▶ 譲渡所得と居住用財産の3000万円控除

不動産を財産分与として渡したとき、引き渡した資産は、時価で引き渡したことになります。そのため、その不動産を所有していた期間に値上がり益が生じていれば、その資産の所有者が移転したときに、その値上がり益が実現したことになります。そして、この利益は譲渡所得に該当しますので、財産分与により資産を引き渡した人に対して、譲渡所得課税が行われることになります。

ただし、このマンションは自宅として使用してきたことから、譲渡所得の計算において、自宅を譲渡したときの3000万円の特別控除の適用を受けることができます。

なお、財産分与を受けた側の人は、自分が潜在的に所有していた財産の所有権が財産分与請求権として実現し、その請求権が不動産などの財産により清算されただけなので、財産分与により財産を取得したとしても、それが財産分与として多額なものでない限り、このことに関して課税されることはありません。

回答Ⅰのポイント2 ▶▶▶ 養育費

離婚して引き取った子供達の生活費や教育費、あるいは日常生活を営むために必要な家具や什器等に充てるためとして離婚した相手方から金銭の支払を受けた場合、これらは生活費などとして支払を受けたのですから、その贈与を受けた金額に対して贈与税の課税は行われません。

しかし、必要な都度支払を受けるのではなく、一時金として支払を受けて預金に預け入れたり、株式に投資するなどして日常生活に充てられなかった部分の金銭は、日常生活を営むために必要な費用に充てるための贈与には当たりませんので、そのような贈与については、贈与税の課税が行われることとなります。

回答Ⅰのポイント3 ▶▶▶ 慰謝料

離婚に際して支払を受ける慰謝料などの金銭に、税金は掛かりません。

ただし、慰謝料などの名目により支払を受けた場合であっても、金額が過大であったり、賠償金としての金銭など、慰謝料以外のものが含まれていると推認されるときは、それらは非課税として扱われないことがあります。

相談Ⅱ

●短期譲渡所得と長期譲渡所得

妻は、自宅マンションを財産分与で取得しても売却してしまい、ここには住まないと考えているようです。

妻が、このマンションを売却したとき、税金が掛かりますか。

回答Ⅱ

分与を受けて、時を置かずに売却したのであれば、譲渡所得課税は行われないと思われます。

回答Ⅱのポイント1 ▶▶▶ 財産分与は時価

財産分与により資産を取得したとき、その資産は、その取得したときに、取得したときの時価により取得した、として取り扱われます。

よって、財産分与により取得した資産を、取得したときからそれほどの時間を置かずに売却したときは、その所有していた期間に、その資産が値上がりしたとは考えにくいので、取得した価額により売却したものと推認されます。

よって、取得金額と売却金額は同じ金額になりますので、譲渡所得は発生していないものと考えられます。

回答Ⅱのポイント2 ▶▶▶ 所有期間

不動産を売却したときの譲渡所得は、その売却した年の1月1日において、所有期間が5年以下の場合は短期譲渡所得として、5年を超えていれば長期譲渡所得として譲渡所得の計算を行います。

よって、財産分与により共有財産の相手方持分を取得した場合で、その分与により取得した資産を売却したときは、財産分与により取得した部分については短期の譲渡所得として、従前から所有していた部分は、所有期間が5年を超えていれば長期の譲渡所得になります。

なお、短期の譲渡所得部分と長期の譲渡所得部分とは、別々にして譲渡所得の税額計算を行うことになります。

回答Ⅱのポイント③ ▶▶▶ 居住用財産の特別控除

財産分与により取得したマンションを、その後も引き続き自宅として使用していたのであれば、譲渡所得の計算において、居住用財産を譲渡したときの3000万円の特別控除の適用を受けることができます。そのため、そのマンションを売却したときに値上がり益が発生していた場合であっても、通常であれば、課税される譲渡所得金額は発生しないと思われます。

相談Ⅲ

●贈与

財産分与としてではなく、離婚する前に自宅マンションを妻に贈与することも検討しています。この贈与に税金は掛かりますか。

回答Ⅲ

贈与税の配偶者控除の適用があるときは、自宅マンションの相続税評価額が2110万円を超えているときのその超えている部分に贈与税が課税されます。

回答Ⅲのポイント① ▶▶▶ 贈与税の配偶者控除

戸籍上の婚姻期間が20年以上の配偶者間において、自宅として使用する土地建物あるいは自宅の購入資金の贈与を受けた場合、贈与税の計算において、贈与税の基礎控除額110万円の他に、2000万円を上限とした贈与税の配偶者控除の適用を受けることができます。よって、居住用財産の贈与を受けたときは、その財産の相続税評価額が2110万円までの贈与については、贈与税が課税されないことになります。

回答Ⅲのポイント[2] ▶▶▶ 端数処理

贈与税の配偶者控除の適用を受けるために必要な婚姻期間が20年以上であることの要件は、その贈与を受けたときに、戸籍上の婚姻期間が20年以上であるかどうかにより判断します。

なお、戸籍上の婚姻期間に1年未満の端数がある場合、その端数処理はしません。

そのため、19年と11月の場合は、20年未満となりますので、この特例規定の適用は受けられません。

回答Ⅲのポイント[3] ▶▶▶ 贈与と譲渡

財産分与により資産を取得したとき、その資産は、その取得をしたときに、その取得したときの時価により取得したとして扱われます。

しかし、贈与により取得したときは、贈与した者の取得時期と取得価額を引き継ぐことになります。

その後において、その取得した資産を売却することを予定しているときは、財産分与により取得した資産を売却したときの譲渡所得は短期譲渡所得となりますが、贈与により取得したときは長期譲渡所得になる可能性があります。

税負担を考えたとき、いずれが少ない負担で済むのかについては、実際に試算してみる必要があると思われます。

根拠条文等（一部抜粋）

○所得税基本通達

●33－１－４《財産分与による資産の移転》

民法第768条《財産分与》の規定による財産の分与として資産の移転があった場合には、その分与をした者は、その分与をした時においてその時の価額により当該資産を譲渡したこととなる。

（注１）　財産分与による資産の移転は、財産分与義務の消滅という経済的利益を対価とする譲渡であり、贈与ではないから、法第59条第１項《みなし譲渡課税》の規定は適用されない。

●38－６《分与財産の取得費》

民法第768条《財産分与》の規定による財産の分与により取得した財産は、その取得した者がその分与を受けた時においてその時の価額により取得したこととなることに留意する。

○相続税法

●第21条の３《贈与税の非課税財産》

次に掲げる財産の価額は、贈与税の課税価格に算入しない。

二　扶養義務者相互間において生活費又は教育費に充てるためにした贈与により取得した財産のうち通常必要と認められるもの

●第21条の６《贈与税の配偶者控除》

その年において贈与によりその者との婚姻期間が20年以上である配偶者から専ら居住の用に供する土地若しくは土地の上に存する権利若しくは家屋でこの法律の施行地にあるもの（以下「居住用不動産」）又は金銭を取得した者が、当該取得の日の属する年の翌年３月15日までに当該居住用不動産をその者の居住の用に供し、かつ、その後引き続き居住の用に供する見込みである場合又は同日までに当該金銭をもって居住用不動産を取得して、これをその者の居住の用に供し、かつ、その後引き続き居住の用に供する見込みである場合においては、その年分の贈与税については、課税価格から2000万円を控除する。

○相続税法施行令

●第４条の６《贈与税の配偶者控除の婚姻期間の計算及び居住用不動産の範囲》

法第21条の６第１項に規定する贈与をした者が同項に規定する婚姻期間が20年以上である配偶者に該当するか否かの判定は、同項の財産の贈与の時の現況によるものとする。

○相続税法基本通達

●21の３－３《「生活費」の意義》

法第21条の３第１項第２号に規定する「生活費」とは、その者の通常の日常生活を営むのに必要な費用（教育費を除く。）をいい、治療費、養育費その他これらに準ずるもの（保険金又は損害賠償金により補てんされる部分の金額を除く。）を含むものとして取り扱うものとする。

●21の３－５《生活費及び教育費の取扱い》

法第21条の３第１項の規定により生活費又は教育費に充てるためのものとして贈与税の課税価格に算入しない財産は、生活費又は教育費として必要な都度直接これらの用に充てるために贈与によって取得した財産をいうものとする。したがって、生活費又は教育費の名義で取得した財産を預貯金した場合又は株式の買入代金若しくは家屋の買入代金に充当したような場合における当該預貯金又は買入代金等の金額は、通常必要と認められるもの以外のものとして取り扱うものとする。

●21の６－７《贈与税の配偶者控除の場合の婚姻期間の計算》

法第21条の６に規定する婚姻期間を計算する場合において、その計算した婚姻期間に１年未満の端数があるときであっても、その端数を切り上げないのであるから留意する。したがって、その婚姻期間が19年を超え20年未満であるときは、贈与税の配偶者控除の適用がない。

○所得税法施行令

●第30条《非課税とされる保険金、損害賠償金等》

法第９条第１項第17号《非課税所得》に規定する政令で定める保険金及び損害賠償金は、次に掲げるものその他これらに類するものとする。

三　心身又は資産に加えられた損害につき支払を受ける相当の見舞金

column　財産分与請求権

婚姻期間中に蓄積された財産は夫婦の共有財産と推定されますから、婚姻期間中に財産が夫名義により蓄積されてきたときは、離婚に際して、夫名義の財産のなかに含まれていた妻の財産を妻に渡すという夫婦共有財産の清算が行われます。

この財産の清算を現金支払により行うのであれば問題ないのですが、不動産を渡して清算する場合は、その不動産の取得時と分与時の価額の差額が、その所有期間における値上がり益となります。そして、この不動産が財産分与として相手方配偶者に移転したとき、この値上がり益部分は譲渡所得になりますから、譲渡所得課税が行われることになります。

（資料）

○民法

●第768条《財産分与》

協議上の離婚をした者の一方は、相手方に対して財産の分与を請求することができる。

●第762条《夫婦間における財産の帰属》

夫婦の一方が婚姻前から有する財産及び婚姻中自己の名で得た財産は、その特有財産（夫婦の一方が単独で有する財産をいう。）とする。

2　夫婦のいずれに属するか明らかでない財産は、その共有に属するものと推定する。

7 交通事故

相談の背景

車で商品を配達している最中に、交通事故に遭いました。私は赤信号で車を停止させていたのですが、相手の車はスピードを出し過ぎていたので、交差点の角を曲がりきれず、私の車にぶつかってきたのです。

当方は車や商品が破損しただけでなく、私も怪我をしました。先方は責任を認めて、当方の損害を賠償してくれることになりました。

相談Ⅰ

●賠償課金

交通事故で怪我をしたことから、病院に入院して治療を受けました。そのため、加害者から入院費を含めた治療代と慰謝料の支払を受けたのですが、これらは税金の申告が必要ですか。

回答Ⅰ

事故にあったことから支払を受けた怪我の治療代や慰謝料は非課税収入となりますので、これらの収入について税金の申告をする必要はありません。

回答Ⅰのポイント1 ▶▶▶ 賠償金等

心身に加えられた損害に起因して支払を受ける損害賠償金は非課税所得と定められていますので、これら損害賠償金などの支払を受けたとき、その収入について、所得税などの申告をする必要はありません。

なお、損害賠償金の支払を受けたのが被害を受けた本人ではなく、生計を一にしている家族が支払を受けた場合であっても、非課税となります。

ただし、見舞金や慰謝料などの名目により支払を受けたとしても、その実質が、資産に受けた損害を補填する損害賠償金などである場合には、その状況に応じた処理をすることになります。

回答Ⅰのポイント2 ▶▶▶ 医療費控除

怪我の治療などに際して要した医療費は、確定申告するときに医療費控除の適用を受けることができます。

しかし、その治療などに要する費用を補填する目的で支払を受けた損害賠償金は、支出した医療費から控除することになります。

また、治療を受けるためとして支出した医療費よりも支払を受けた損害賠償金の金額の方が多額であった場合、その医療費を超える部分の損害賠償金は、非課税となります。

なお、事故で死亡してしまったときに支払を受ける死亡保険金は、所得税は非課税として課税されませんが、相続税の申告対象財産となります。そして、死亡保険金が一定額を超えると、その超えている部分の保険金は、相続税の課税財産を構成することになります。

回答Ⅰのポイント3 ▶▶▶ 所得保障の保険金等

事故に遭い怪我をしたために勤務や業務に従事することができなかったことに起因して、その従事することができなかった期間の給与又は収益を補填するとして支給を受ける所得補償保険金も、身体又は心身に加えられた損害に起因して支払を受ける損害賠償金などに含まれますので、非課税所得となります。

相談Ⅱ

●修繕

信号待ちしているところに、相手の車がかなりのスピードでぶつかってきたため、私の車は破損してしまったのですが、比較的損傷が少なかったので、加害者から修理代の支払を受けて車を修理して使うことにしました。この支払を受けた修理代は、どのような扱いになるのですか。

回答Ⅱ

この支払を受ける起因となった車の修理代は修繕費として必要経費に計上しますので、その経費計上した修理代を補填するとして支払を受けた損害賠償金は、雑収入に計上することになります。

回答Ⅱのポイント1 ▶▶▶ 経費を補填する損害賠償金

突発的な事故に遭ったことが起因となり、その資産に生じた損害の補填を目的として支払を受ける損害賠償金は、所得税法は非課税所得と規定しています。

しかし、そのような損害賠償金であっても、各種所得の金額の計算において、必要経費となる支出を補填する部分の損害賠償金は、事業所得の収入金額に計上することになります。そして、その経費支出を上回る部分の金額が、非課税所得となります。

回答Ⅱのポイント2 ▶▶▶ 代車

車が修理中で使用できない期間、レンタカーなどの代車を利用した場合で、その賃借料などについても損害賠償金として支払を受けたとき、その代車利用に掛かった費用は、事業所得の計算において必要経費に計上します。そして、その費用を補填するものとして支払を受けた損害賠償金は、雑収入に計上することになります。

回答Ⅱのポイント③ ▶▶▶ 消費税

資産に受けた損失を補填することを目的として支払を受けた損害賠償金は、資産を売却した対価として支払を受けたわけではありません。このことから、損失を補填するとして支払を受けた損害賠償金は、消費税の課税対象外取引となります。

相談Ⅲ

●商品の損害

衝突事故で車が破損したことから、荷台に積んであった商品も破損してしまいました。一部の商品は簡単な補修で使用可能ですが、ほとんどの商品は使いものになりませんので、破棄するしかありません。

加害者から、これら破損した商品の損害賠償金の支払を受けたのですが、この損害賠償金はどのような処理をするのですか。

回答Ⅲ

販売用資産である商品に損害が生じたとしても、その商品を相手方に渡して得た金銭は、事業所得の収入金額に計上することになります。

回答Ⅲのポイント① ▶▶▶ 軽微な修理で使用できる商品

事故に遭った商品のうち、被害が少なかった商品で、軽微な修理により使用可能なものを引き取ってもらったことに係る部分の損害賠償金は、売上高に計上することになります。当然ですが、消費税の課税取引に該当することにもなります。

なお、事故に遭った商品を、加害者以外の人に引き取ってもらう場合であっても、同じ扱いとなります。

回答Ⅲのポイント[2] ▶▶▶ 廃棄した商品

事故による破損が激しい商品は、廃棄処分になります。この廃棄処分になった商品の損害を補塡するために支払いを受けた損害賠償金は、売上高ではなく、雑収入として収入金に計上することになります。

しかし、この取引は、消費税法がいう資産の譲渡等には該当しません。そのため、消費税の処理においてこの損害賠償金は、課税対象外取引となります。

回答Ⅲのポイント[3] ▶▶▶ 破棄した商品

事故で破損するなどして販売できなくなった商品は、破棄処分となります。そのため、これら商品は売上原価勘定では処理しません。これらの商品は仕入れから雑損失に振替処理を行うなど、特別な科目を設けて必要経費に計上します。

根拠条文等（一部抜粋）

○所得税法

●第９条《非課税所得》

次に掲げる所得については、所得税を課さない。

十七　保険業法第２条第４項に規定する損害保険会社等の締結した保険契約に基づき支払を受ける保険金及び損害賠償金（これらに類するものを含む。）で、心身に加えられた損害又は突発的な事故により資産に加えられた損害に基因して取得するものその他の政令で定めるもの

●第51条《資産損失の必要経費算入》

居住者の営む不動産所得、事業所得又は山林所得を生ずべき事業の用に供される固定資産その他これに準ずる資産で政令で定めるものについて、取りこわし、除却、滅失その他の事由により生じた損失の金額（保険金、損害賠償金その他これらに類するものにより補てんされる部分の金額及び資産の譲

渡により又はこれに関連して生じたものを除く。）は、その者のその損失の生じた日の属する年分の不動産所得の金額、事業所得の金額又は山林所得の金額の計算上、必要経費に算入する。

4　居住者の不動産所得若しくは雑所得を生ずべき業務の用に供され又はこれらの所得の基因となる資産（山林及び第62条第１項《生活に通常必要でない資産の災害による損失》に規定する資産を除く。）の損失の金額（保険金、損害賠償金その他これらに類するものにより補てんされる部分の金額、資産の譲渡により又はこれに関連して生じたもの及び第１項若しくは第２項又は第72条第１項《雑損控除》に規定するものを除く。）は、それぞれ、その者のその損失の生じた日の属する年分の不動産所得の金額又は雑所得の金額（この項の規定を適用しないで計算したこれらの所得の金額とする。）を限度として、当該年分の不動産所得の金額又は雑所得の金額の計算上、必要経費に算入する。

○所得税法施行令

●第30条《非課税とされる保険金、損害賠償金等》

法第９条第１項第17号に規定する政令で定める保険金及び損害賠償金（これらに類するものを含む。）は、次に掲げるものその他これらに類するもの（これらのものの額のうちに同号の損害を受けた者の各種所得の金額の計算上必要経費に算入される金額を補てんするための金額が含まれている場合には、当該金額を控除した金額に相当する部分）とする。

一　損害保険契約等に基づく保険金等で、身体の傷害に基因して支払を受けるもの並びに心身に加えられた損害につき支払を受ける慰謝料その他の損害賠償金（その損害に基因して勤務又は業務に従事することができなかったことによる給与又は収益の補償として受けるものを含む。）

二　損害保険契約に基づく保険金等で資産の損害に基因して支払を受けるもの並びに不法行為その他突発的な事故により資産に加えられた損害につき支払を受ける損害賠償金（これらのうち第94条《事業所得の収入金額とされる保険金等》の規定に該当するものを除く。）

三　心身又は資産に加えられた損害につき支払を受ける相当の見舞金

○地方税法

●第313条《所得割の課税標準》

2　前項の総所得金額、退職所得金額又は山林所得金額は、この法律又はこれに基づく政令で特別の定めをする場合を除くほか、それぞれ所得税法その他の所得税に関する法令の規定による所得税法第22条第２項又は第３項の総所得金額、退職所得金額又は山林所得金額の計算の例によって算定するものとする。

ただし、同法第60条の2から第60条の4までの規定の例によらないものとする。

○所得税基本通達

● 9－19《必要経費に算入される金額を補塡するための金額の範囲》

令第30条本文かっこ内に規定する「必要経費に算入される金額を補てんするための金額」とは、例えば、心身又は資産の損害に基因して休業する場合にその休業期間中における使用人の給料、店舗の賃借料その他通常の維持管理に要する費用を補塡するものとして計算された金額のようなものをいい、法第51条第1項又は第4項《資産損失の必要経費算入》の規定によりこれらの項に規定する損失の金額の計算上控除される保険金、損害賠償金その他これらに類するものは、これに含まれない。

● 9－20《身体に損害を受けた者以外の者が支払を受ける傷害保険金等》

令第30条第1号の規定により非課税とされる「身体の傷害に基因して支払を受けるもの」は、自己の身体の傷害に基因して支払を受けるものをいうのであるが、その支払を受ける者と身体に傷害を受けた者とが異なる場合であっても、その支払を受ける者がその身体に傷害を受けた者の配偶者若しくは直系血族又は生計を一にするその他の親族であるときは、当該保険金又は給付金についても同号の規定の適用があるものとする。

(注) いわゆる死亡保険金は、「身体の傷害に基因して支払を受けるもの」には該当しないのであるから留意する。

● 9－22《所得補償保険金》

被保険者の傷害又は疾病により当該被保険者が勤務又は業務に従事することができなかったことによるその期間の給与又は収益の補塡として損害保険契約に基づき当該被保険者が支払を受ける保険金は、令第30条第1号に掲げる「身体の傷害に基因して支払を受けるもの」に該当するものとする。

(注) 業務を営む者が自己を被保険者として支払う当該保険金に係る保険料は、当該業務に係る所得の金額の計算上必要経費に算入することができないのであるから留意する。

○消費税法基本通達

● 5－2－5《損害賠償金》

損害賠償金のうち、心身又は資産につき加えられた損害の発生に伴い受けるものは、資産の譲渡等の対価に該当しないが、例えば、次に掲げる損害賠償金のように、その実質が資産の譲渡等の対価に該当すると認められるものは資産の譲渡等の対価に該当することに留意する。

(1) 損害を受けた棚卸資産等が加害者（加害者に代わって損害賠償金を支払う者を含む。）に引き渡される場合で、当該棚卸資産等がそのまま又は軽

微な修理を加えることにより使用できるときに当該加害者から当該棚卸資産等を所有する者が収受する損害賠償金

● 5－2－13《資産の廃棄、盗難、滅失》

棚卸資産又は棚卸資産以外の資産で事業の用に供していた若しくは供すべき資産について廃棄をし、又は盗難若しくは滅失があった場合のこれらの廃棄、盗難又は滅失は、資産の譲渡等に該当しないことに留意する。

column 損害保険金

民法は、過失等により他人の権利を侵害したとき、加害者は、これによって生じさせた損害を賠償する責任を負う、と定めています。このことから、不注意等により交通事故をおこして相手方自動車に損害を与えたとき、加害者は、被害者が受けた損害を補填する義務があります。

多くの場合、この損害補填に係る交渉は、加害者が加入しいている保険会社の事故担当の人がします。このとき、被害を受けた自動車が古い車のために修理代の全額を保険金でカバーできないときは、「車を修理するのではなく、保険金の支払により加害者責任を果たしたい」との申出がある例があります。

しかし、保険金により修理代を賄うか否かは加害者の問題であって、被害者は被害を受けた車を修理して、使用できるよう加害者に求めることができます。保険金の支払を受けて加害者責任を不問に付すか、被害を受けた自動車の修理を求めるかの選択は、被害者が判断するものであり、この判断をするに際して、何も拘束等は受けないことに注意する必要があります。

（資料）

○民法

●第709条《不法行為による損害賠償》

故意又は過失によって他人の権利又は法律上保護される利益を侵害した者は、これによって生じた損害を賠償する責任を負う。

8 資本的支出

相談の背景

強い雨と風の大型台風に襲われて、個人経営の工場は大きな被害を受けました。特に、工場建物の被害は甚大ですが、築年数がかなり経っていることから、工場建物は建て替えなければならないだろうと考えています。それから、工場を建て替えることを機に、築年数の経った倉庫の補修工事も併せて行いたいと思っています。

相談Ⅰ

●修復工事

台風により被災した工場建物に行った工事費用は、どのような扱いとなりますか。

回答Ⅰ

被災した資産に対して行われる原状回復工事費用は、その金額にかかわらず、全額を必要経費に計上することができます。

回答Ⅰのポイント1 ▶▶▶ 原状回復工事

被災した資産に原状回復工事を施した場合、その工事費用は、全額を修繕費として必要経費に計上することができます。

回答Ⅰのポイント2 ▶▶▶ 損害発生防止工事

被災していない資産に行われる補修工事であっても、土砂崩れなどを防止するために行われる補強や補修のための工事は、災害による損害の発生防止のための工事です。このような工事費用も、修繕費として必要経費になります。

回答Ⅰのポイント③ ▶▶▶ 建替費用

被災した建物の被害が甚大な場合、原状回復工事を施すのではなく、建物を建て替える場合があります。この建物建替工事は、補修工事ではなく新規資産の取得工事となります。そのため、被災したことが起因となり行われた工事であっても、建替費用は、新規建物の取得価額となります。

相談Ⅱ

●資本的支出工事

被災した倉庫に原状回復工事を行う際、利便性を高めるための改築工事を併せて行いますが、この工事費用も必要経費になりますか。

回答Ⅱ

原状回復工事と併せて増改築工事などが施されたときのその増改築工事は、新たな資産を取得したことになります。そのため、その増改築などの工事費用は、資本的支出となります。

回答Ⅱのポイント① ▶▶▶ 新規資産の取得

被災した資産に原状回復工事を施すときに併せて施す増改築や新たな資産の取付工事は、原状回復のための補修工事ではなく、新たな資産の取得のための工事です。

よって、その増改築などに係る工事費用は、資本的支出として扱います。

回答Ⅱのポイント② ▶▶▶ 高機能資産の取付

被災した資産に行う原状回復工事において、損壊した資産を新しい資産に取り替えるための費用は、必要経費に計上できます。

なお、被災前の効用を維持するために行う補強工事において、高性能な資産に取り替えた場合であっても修繕費として処理することができますが、復旧工事に代えて特別な施設等を設置する場合は、新たな資産の取得となります。

回答Ⅱのポイント③ ▶▶▶ 耐用年数が到来している資産の修理

被災した資産が、耐用年数が到来している資産であっても、その資産を使用するためには原状回復工事が必要となります。

よって、耐用年数が到来している資産であっても、その損壊したところに施す原状回復工事費用は、修繕費として必要経費になります。

相談Ⅲ

●取得した保険金

地震により被災した資産の損害について、保険金の支払を受けました。この保険金に税金が掛かりますか。

回答Ⅲ

災害などの突発的な事故により、心身または資産に受けた損失を補填するものとして支払を受ける保険金は、非課税所得と規定されています。

回答Ⅲのポイント① ▶▶▶ 心身に加えられた損害

心身に損害が加えられたことに基因して支払を受ける保険金や損害賠償金は、非課税所得となります。

この場合、怪我をした人以外の人が保険金の支払を受けた場合であっても、怪我をした人と生計を一にする配偶者や親族が支払を受けたのであれば、やはり、保険金は非課税となります。

ただし、保険金は雇用主に支払われ、雇用主から見舞金などとして支払われるような場合の保険金は、非課税となりません。この場合に非課税となるのは、被害者が支払を受けた相当額の見舞金に限られます。

なお、怪我の治療ではなく、働くことができないために支払を受けた所得補償としての保険金であっても、非課税となります。

回答Ⅲのポイント2 ▶▶▶ 家事上の資産に生じた損害

突発的な事故により家事上の資産に損害が生じたため、その損失を補填するための保険金の支払を受けた場合、資産について生じた損失額からその保険金を控除した残額が損失額となります。

なお、損失額よりも支払を受けた保険金のほうが多額である場合、その損失額を上回る部分の保険金は、非課税となります。

回答Ⅲのポイント3 ▶▶▶ 見舞金等

友人や知人などから、被災したことによる見舞金などの支払を受けたとき、社会通念上相当額の見舞金であれば、その見舞金は非課税となります。

ただし、見舞金などの名目により支払を受けたときであっても、各種所得金額の収入に計上されるものや、役務の対価としての性質を有するものは、それぞれの状況に応じた処理を行うこととなります。

根拠条文等（一部抜粋）

○所得税法

●第９条《非課税所得》

次に掲げる所得については、所得税を課さない。

17　保険業法第２条第４項《定義》に規定する損害保険会社又は同条第九項に規定する外国損害保険会社等の締結した保険契約に基づき支払を受ける保険金及び損害賠償金で、心身に加えられた損害又は突発的な事故により資産に加えられた損害に基因して取得するものその他の政令で定めるもの

○所得税法施行令

●第30条《非課税とされる保険金、損害賠償金等》

法第９条第１項第17号《非課税所得》に規定する政令で定める保険金及び損害賠償金は、次に掲げるものその他これらに類するもの（これらのものの額のうちに同号の損害を受けた者の各種所得の金額の計算上必要経費に算入される金額を補てんするための金額が含まれている場合には、当該金額を控除した金額に相当する部分）とする。

三　心身又は資産に加えられた損害につき支払を受ける相当の見舞金

●第181条《資本的支出》

不動産所得、事業所得、山林所得又は雑所得を生ずべき業務を行なう居住者が、修理、改良その他いずれの名義をもってするかを問わず、その業務の用に供する固定資産について支出する金額で次に掲げる金額に該当するもの（そのいずれにも該当する場合には、いずれか多い金額）は、その者のその支出する日の属する年分の不動産所得の金額、事業所得の金額、山林所得の金額又は雑所得の金額の計算上、必要経費に算入しない。

一　当該支出する金額のうち、その支出により、当該資産の取得の時において当該資産につき通常の管理又は修理をするものとした場合に予測される当該資産の使用可能期間を延長させる部分に対応する金額

二　当該支出する金額のうち、その支出により、当該資産の取得の時において当該資産につき通常の管理又は修理をするものとした場合に予測されるその支出の時における当該資産の価額を増加させる部分に対応する金額

○所得税基本通達

●９－20《身体に損害を受けた者以外の者が支払を受ける傷害保険金等》

令第30条第１号の規定により非課税とされる「身体の傷害に基因して支払を受けるもの」は、自己の身体の傷害に基因して支払を受けるものをいうのであるが、その支払を受ける者と身体に傷害を受けた者とが異なる場合であっても、その支払を受ける者がその身体に傷害を受けた者の配偶者若しくは

直系血族又は生計を一にするその他の親族であるときは、当該保険金又は給付金についても同号の規定の適用があるものとする。

●37－10《資本的支出の例示》

業務の用に供されている固定資産の修理、改良等のために支出した金額のうち当該固定資産の価値を高め、又はその耐久性を増すこととなると認められる部分に対応する金額が資本的支出となるのであるから、例えば、次に掲げるような金額は、原則として資本的支出に該当する。

⑴ 建物の避難階段の取付け等物理的に付加した部分に係る金額

⑶ 機械の部分品を特に品質又は性能の高いものに取り替えた場合のその取替えに要した金額のうち通常の取替えの場合にその取替えに要すると認められる金額を超える部分の金額

（注） 建物の増築、構築物の拡張、延長等は建物等の取得に当たる。

●37－12の２《災害の復旧費用の必要経費算入》

災害により被害を受けた固定資産（以下この項において「被災固定資産」という。）の被災前の効用を維持するために行う補強工事、排水又は土砂崩れの防止等のために支出した費用の額を修繕費の額として当該業務に係る所得の金額を計算し、それに基づいて確定申告を行っているときは、37－10にかかわらず、これを認めるものとする。

（注１） 被災固定資産の復旧に代えて資産の取得をし、又は特別の施設（被災固定資産の被災前の効用を維持するためのものを除く。）を設置する場合の当該資産の取得又は特別の施設の設置は新たな資産の取得に該当し、その取得のために支出した金額は、これらの資産の取得の対価及び付随費用となるのであるから、これらの資産の取得価額に含めることに留意する。

●37－15の２《耐用年数を経過した資産についてした修理、改良等》

耐用年数を経過した減価償却資産について修理、改良等をした場合であっても、その修理、改良等のために支出する金額に係る資本的支出と修繕費の区分については、一般の例によりその判定を行うことに留意する。

column 「資本的支出」と「修繕費」

固定資産に施した改修等の費用は、修繕費として必要経費に計上します。

しかし、修繕費に該当すると思われる支出であっても、資本的支出に当たるとされる支出については、修繕費ではなく新規に資産を取得したものとして扱います。

具体的には、次のような支出が資本的支出とされます。

① 増改築や新たな資産を取り付けた支出。

② 用途変更のためにする模様替え等のための支出。

③ 高性能なものに取り替えた場合の支出のうち、通常の修繕として必要となる金額を超える場合のその超える部分の金額。

ただし、技術革新等があったことから高性能になったのであり、従前のものと同じ普及品である等のときの支出は、修繕費となります。

④ ソフトウエアを改修したとき、障害の除去や現状の効用の維持等だけでなく、機能の向上や新たな機能を追加したときのそれらに係る支出。

⑤ 被災固定資産の復旧に代えて資産を取得し、又は特別の施設（被災固定資産の被災前の効用を維持するためのものを除きます。）を設置のための支出及びこれらに係る付随費用関係支出。

(資料)

○所得税基本通達

●37－10《資本的支出の例示》

業務の用に供されている固定資産の修理、改良等のために支出した金額のうち当該固定資産の価値を高め、又はその耐久性を増すこととなると認められる部分に対応する金額が資本的支出となるのであるから、例えば、次に掲げるような金額は、原則として資本的支出に該当する。

⑴　建物の避難階段の取付け等物理的に付加した部分に係る金額

⑵　用途変更のための模様替え等改造又は改装に直接要した金額

⑶　機械の部分品を特に品質又は性能の高いものに取り替えた場合のその取替えに要した金額のうち通常の取替えの場合にその取替えに要すると認められる金額を超える部分の金額

●37－10の２《ソフトウエアに係る資本的支出と修繕費》

業務の用に供しているソフトウエアにつきプログラムの修正等を行った場合において、当該修正等が、プログラムの機能上の障害の除去、現状の効用の維持等に該当するときはその修正等に要した費用は修繕費に該当し、新たな機能の追加、機能の向上等に該当するときはその修正等に要した費用は資本的支出に該当することに留意する。

●37－12の２の注書《災害の復旧費用の必要経費算入》

1　被災固定資産の復旧に代えて資産の取得をし、又は特別の施設（被災固定資産の被災前の効用を維持するためのものを除く。）を設置する場合の当該資産の取得又は特別の施設の設置は新たな資産の取得に該当し、その取得のために支出した金額は、これらの資産の取得の対価及び付随費用となるのであるから、これらの資産の取得価額に含めることに留意する。

9 保証人と連帯保証人

相談の背景

父は、友人が社長をしている会社が銀行から借入れをする際、保証人になっていました。この、父が保証人になっている会社のなかには、経営がかなり悪化している会社もあるようです。

父は多額な保証債務を残して亡くなりましたが、私たち相続人は、この保証債務が、父の相続でどのようになるのか心配しています。

相談Ⅰ

●保証人や連帯保証人の地位

父は生前、友人の会社が銀行から融資を受ける際に保証人になっていました。相続人は、この保証人の地位も引き継がなければいけませんか。

回答Ⅰ

保証人などの地位も、被相続人に帰属していますので、その相続を単純承認するのであれば、その保証人などの地位も引き継ぐことになります。

回答Ⅰのポイント1 ▶▶▶ 承継

民法は、相続人は被相続人の一身に属したものを除き、被相続人に属した一切の権利義務を承継すると定めています。このことから、相続人は、その相続を単純承認するときは、保証人などの地位も引き継ぐことになります。

回答Ⅰのポイント2 ▶▶▶ 放棄または限定承認

被相続人は債務超過だったなどの理由で、その財産債務を相続したくないときは、相続の開始があったことを知った日から3月以内に、家庭裁判所に放棄又は限定承認の申述をしなければなりません。この申述を行わないとき、相続人は被相続人の財産債務を全て引き継ぐことになります。

回答Ⅰのポイント③ ▶▶▶ 承認期間の延長

相続を放棄するか否かについては、被相続人の遺産に係る財産目録がなければ判断できません。

しかし、この財産目録の作成ができないことについて正当な理由があるときは、放棄などの申述期限の延長を、家庭裁判所に申述することができます。また、その延長期間内に財産目録の作成ができないときは、期限再延長の申述もできます。

相談Ⅱ

●「保証人」と「連帯保証人」

父は、友人の会社の借入れに際し、保証人と連帯保証人の双方の保証をしています。保証人と連帯保証人では、保証の仕方に違いがありますか。

回答Ⅱ

「保証人」は、主たる債務者が資力を喪失して債務を弁済することができないときに、代位して弁済します。

一方「連帯保証人」は、その債務の弁済について、主たる債務者と連帯して責任を負う人ですから、債権者から債務の弁済を求められたときは、その弁済に応じなければならないという違いがあります。

回答Ⅱのポイント① ▶▶▶ 保証人

保証人は、主たる債務者が債務を弁済できないときに、代位して弁済する人です。そのため、保証人は、主たる債務者に資力があるときは、債務の弁済を求められても、その請求を拒否できます。

また、保証人が複数人いるときは、保証額を保証人の人数で除して求めた金額が、保証人１人の保証額となります。

回答Ⅱのポイント2 ▶▶▶ 連帯保証人

連帯保証人は、主たる債務者と連帯して債務を弁済する責任を負っています。そのため、債権者は、主たる債務者と連帯債務者のいずれにも、債務の弁済を請求することができます。そして、連帯保証人は債務の弁済を求められたとき、主たる債務者の資力の有無にかかわらず、その請求を拒否できません。

また、連帯保証人が複数人いる場合であっても、それぞれの負担が定められていなければ、各連帯保証人は、その債務全額を弁済する責任があります。

回答Ⅱのポイント3 ▶▶▶ 時効

民法は、債権に係る時効は権利を行使することができることを知った時から５年、または、権利を行使することができる時から10年のいずれか早い日までに、債権の弁済請求をしなかったとき、その権利は時効により消滅すると定めています。

ただし、債権者が債務者に債権の請求をしたり、債務者が債務の承認するなどしたとき、時効は更新（旧法の「中断」）されたり、完成猶予（旧法の「停止」）となります。

相談Ⅲ

●保証債務と相続税

相続人が保証人の地位を相続したとき、相続税の申告において、この保証債務は、どのような取扱いとなりますか。

回答Ⅲ

原則として、保証債務は、相続税の申告で債務に該当しません。

回答Ⅲのポイント1 ▶▶▶ 判定の時

相続税の申告が必要か否かについては、相続が開始したときの状況により判断します。よって、保証債務についても、相続が開始されたときの状況により、その取扱いについて判断します。

回答Ⅲのポイント2 ▶▶▶ 確実な債務

相続税の申告において債務控除の適用が受けられる債務は、確実に弁済しなければならない債務に限られます。

このことから、保証債務も債務の一つですが、その保証が確実に行われると認められ、かつ、その保証を実行したことにより取得する求償権の行使ができないと予測される保証債務しか、債務控除の適用は受けられません。

回答Ⅲのポイント3 ▶▶▶ 資産の譲渡代金で弁済した場合

資産の譲渡代金で保証債務を実行した場合で、取得した求償権の行使ができないときは、その行使ができない金額に相当する譲渡収入は、なかったものとして取り扱います。

根拠条文等（一部抜粋）

○民法

●第166条《債権等の消滅時効》

債権は、次に掲げる場合には、時効によって消滅する。

一　債権者が権利を行使することができることを知った時から５年間行使しないとき。

二　権利を行使することができる時から10年間行使しないとき。

2　債権又は所有権以外の財産権は、権利を行使することができる時から20年間行使しないときは、時効によって消滅する。

3　前二項の規定は、始期付権利又は停止条件付権利の目的物を占有する第三者のために、その占有の開始の時から取得時効が進行することを妨げない。ただし、権利者は、その時効を更新するため、いつでも占有者の承認を求めることができる。

●第436条《連帯債務者に対する履行の請求》

債務の目的がその性質上可分である場合において、法令の規定又は当事者の意思表示によって数人が連帯して債務を負担するときは、債権者は、その連帯債務者の一人に対し、又は同時に若しくは順次に全ての連帯債務者に対し、全部又は一部の履行を請求することができる。

●第446条（保証人の責任等）

保証人は、主たる債務者がその債務を履行しないときに、その履行をする責任を負う。

●第915条（相続の承認又は放棄をすべき期間）

相続人は、自己のために相続の開始があったことを知った時から三箇月以内に、相続について、単純若しくは限定の承認又は放棄をしなければならない。

ただし、この期間は、利害関係人又は検察官の請求によって、家庭裁判所において伸長することができる。

●第922条（限定承認）

相続人は、相続によって得た財産の限度においてのみ被相続人の債務及び遺贈を弁済すべきことを留保して、相続の承認をすることができる。

○相続税法

●第13条（債務控除）

相続又は遺贈により財産を取得した者が第１条の３第１項第１号又は第２号の規定に該当する者である場合においては、当該相続又は遺贈により取得した財産については、課税価格に算入すべき価額は、当該財産の価額から次に掲げるものの金額のうちその者の負担に属する部分の金額を控除した金額による。

一　被相続人の債務で相続開始の際現に存するもの（公租公課を含む。）

●第14条

前条の規定によりその金額を控除すべき債務は、確実と認められるものに限る。

○相続税法基本通達

●14－３（保証債務及び連帯債務）

保証債務及び連帯債務については、次に掲げるところにより取り扱うものとする。

⑴　保証債務については、控除しないこと。ただし、主たる債務者が弁済不能の状態にあるため、保証債務者がその債務を履行しなければならない場合で、かつ、主たる債務者に求償して返還を受ける見込みがない場合には、主たる債務者が弁済不能の部分の金額は、当該保証債務者の債務として控除すること。

⑵　連帯債務については、連帯債務者のうちで債務控除を受けようとする者の負担すべき金額が明らかとなっている場合には、当該負担金額を控除し、連帯債務者のうちに弁済不能の状態にある者があり、かつ、求償して弁済を受ける見込みがなく、当該弁済不能者の負担部分をも負担しなければならないと認められる場合には、その負担しなければならないと認められる部分の金額も当該債務控除を受けようとする者の負担部分として控除すること。

○所得税法

●第64条（資産の譲渡代金が回収不能となった場合等の所得計算の特例》

2　保証債務を履行するため資産（第33条第２項第１号（譲渡所得に含まれない所得）の規定に該当するものを除く。）の譲渡があった場合において、その履行に伴う求償権の全部又は一部を行使することができないこととなったときは、その行使することができないこととなった金額を前項に規定する回収することができないこととなった金額とみなして、同項の規定を適用する。

column　相続の限定承認

遺産に多額な保証債務が含まれているとき、相続を単純承認すると、その保証債務も相続します。もし、債務者が破綻すれば、その保証の履行を求められます。このような場合、限定承認により遺産を相続する方法があります。

限定承認とは、相続した財産の額を限度として負債を負担すればよいという制度です。保証債務は必ず保証の実行が求められるものではないので、このようなときは、限定承認は効果的な相続方法です。

しかし、限定承認により遺産を取得すると、資産の取得時期は引き継がれません。相続人は被相続人から遺産を時価により、相続開始日に取得したことになります。よって、被相続人は相続人に遺産を時価で売却したものとみなされて、準確定申告において譲渡所得の申告が必要になります。

(資料)

○所得税法

●第60条《贈与等により取得した資産の取得費等》

居住者が次に掲げる事由により取得した前条第１項に規定する資産を譲渡した場合における事業所得の金額、山林所得の金額、譲渡所得の金額又は雑所得の金額の計算については、その者が引き続きこれを所有していたものとみなす。

一　贈与、相続（限定承認に係るものを除く。）又は遺贈（包括遺贈のうち限定承認に係るものを除く。）

10 災害による家財等の損失

相談の背景

直下型地震ではなかったのですが、大きな揺れが長い時間続く、強い地震に見舞われました。

この地震で自宅建物は、倒壊は免れたのですが、大きな揺れが長時間続いたことから、壁には亀裂が入り家財も倒壊して破損するなど、大きな被害を受けてしまいました。

相談Ⅰ

●災害損失の救済措置

自宅建物や家財が被災しました。この損害について、税務上の救済措置はありますか。

回答Ⅰ

自宅建物や家財が被災したときは、雑損控除の適用を受けることができます。

回答Ⅰのポイント[1] ▶▶▶ 雑損控除

自宅建物や家財が被災したときは、下記算式により求めた雑損控除額を、その年の所得から控除することができます。

そして、生計を一にする扶養親族などが所有している資産の損害も雑損控除の対象になりますが、生活に通常必要でない資産や事業上の資産の損害は、雑損控除の対象になりません。

なお、雑損控除額は、下記算式により求めた金額のうち、いずれか多いほうの金額です。

・A＝損害額－(総所得金額×10％)

・B＝損害額に含まれる「災害関連支出」の金額－5万円

回答Ⅰのポイント[2] ▶▶▶ 災害関連支出

被災がやんだ後の後片付け費用のことを災害関連支出といいます。具体的には下記に記載した支出のことです。

イ　損壊した建物や家財などの取壊し、除去のための支出（付随費用を含みます）

ロ　災害がやんだ日の翌日から1年（大規模災害の場合は3年）内の次に掲げる支出

i　災害により生じた土砂その他の障害物を除去するための支出

ii　被災した建物や家財などの原状回復のための支出

iii　被災した建物や家財などの損壊又は価値減少を防止するための支出

iv　被災した資産にさらなる被害が生じる、あるいは、その被害が拡大することを防止するため、緊急措置を講ずるための支出

回答Ⅰのポイント[3] ▶▶▶ 損失の繰越し

雑損控除額を全額その年の所得から控除できないときの未控除額は、翌年以後3年間の所得から控除することができます。

なお、各種所得控除額は、雑損控除額から控除します。

相談Ⅱ

●保険金

資産が被災したことから保険金の支払を受けました。この保険金に税金が掛かりますか。

回答Ⅱ

突発的な事故により資産に生じた損害を補塡する保険金は、非課税所得となります。

回答Ⅱのポイント① ▶▶▶ 心身に加えられた損害

心身に加えられた損害に係る保険金は、非課税です。損害を受けた人と生計を一にする親族などが支払を受けた場合も非課税です。

ただし、非課税となるのは、損害を受けた人に直接支払われる保険金に限られます。保険金は雇用主に支払われ、雇用主から被害を受けた使用人に見舞金などの名目で支払われるような場合は、非課税となりません。

なお、怪我などで働けないことに対する所得保障としての保険金も非課税です。

回答Ⅱのポイント② ▶▶▶ 資産に生じた損害

突発的な事故により資産に生じた損害を補塡する保険金の支払を受けた場合、損害額から保険金を控除した残額が損害額となります。なお、損害額を上回る保険金は、非課税となります。

回答Ⅱのポイント③ ▶▶▶ 見舞金等

被災したときに受ける見舞金等は、社会通念上の相当額であれば、非課税収入となります。ただし、見舞金等の名目であっても、各種所得金額の収入に計上すべきものや役務提供の対価としてのものは非課税となりません。

相談Ⅲ

●税務申告

地震の後片付け作業が進まないため、申告事務ができません。申告などの期限を延ばすことはできますか。

回答Ⅲ

災害により損害を受けたときは、申告書等の提出期限が延長されたり、納付すべき税額の全部または一部が免除される特例があります。

回答Ⅲのポイント1 ▶▶▶ 広域災害の期限の延長

広域災害が発生すると、国税庁長官は地域を指定して、申告書や届出書の提出期限などを延長できることになっています。

回答Ⅲのポイント2 ▶▶▶ 個別的事情による場合

国税庁長官による各種期限の延長が行われなくても、やむを得ない理由があるときは、税務署長に申請をすれば、2月を限度として期限を延長してもらえます。

なお、この申請は、災害がやんだ後相当の期間内に行う必要がありますが、申告期限後になってからでも申請できます。

回答Ⅲのポイント3 ▶▶▶ 納税の減免

被災した年の合計所得金額の見積額が1000万円以下の給与所得者または年金所得者で、自宅や家財に2分の1以上の損害を受けた人は、源泉徴収された所得税の全部または一部の還付を受けることができます。

その他にも、被災年分の合計所得金額が1000万円以下の人に対しては、その所得金額に応じて、所得税の全額または一部が免除される特例があります。

※減免金額　・合計所得金額が500万円以下であるとき
……所得税の全額

・合計所得金額が750万円以下であるとき
……所得税の10分の5
・合計所得金額が750万円を超えるとき
……所得税の10分の2.5

根拠条文等（一部抜粋）

○所得税法

●第９条《非課税所得》

次に掲げる所得については、所得税を課さない。

十七　保険業法第２条第４項《定義》に規定する損害保険会社又は同条第９項に規定する外国損害保険会社等の締結した保険契約に基づき支払を受ける保険金及び損害賠償金で、心身に加えられた損害又は突発的な事故により資産に加えられた損害に基因して取得するものその他の政令で定めるもの

●第72条《雑損控除》

居住者又はその者と生計を一にする配偶者その他の親族で政令で定めるものの有する資産（第62条第１項《生活に通常必要でない資産の災害による損失》及び第70条第３項《被災事業用資産の損失の金額》に規定する資産を除く。）について災害又は盗難若しくは横領による損失が生じた場合（その災害又は盗難若しくは横領に関連してその居住者が政令で定めるやむを得ない支出をした場合を含む。）において、その年における当該損失の金額（当該支出をした金額を含むものとし、保険金、損害賠償金その他これらに類するものにより補てんされる部分の金額を除く。）の合計額が次の各号に掲げる場合の区分に応じ当該各号に掲げる金額を超えるときは、その超える部分の金額を、その居住者のその年分の総所得金額、退職所得金額又は山林所得金額から控除する。

一　その年における損失の金額に含まれる災害関連支出の金額（損失の金額のうち災害に直接関連して支出をした金額として政令で定める金額をいう。）が５万円以下である場合　その居住者のその年分の総所得金額、退職所得金額及び山林所得金額の合計額の10分の１に相当する金額

二　その年における損失の金額に含まれる災害関連支出の金額が５万円を超える場合　その年における損失の金額の合計額から災害関連支出の金額のうち５万円を超える部分の金額を控除した金額と前号に掲げる金額とのいずれか低い金額

三　その年における損失の金額がすべて災害関連支出の金額である場合　５

万円と第１号に掲げる金額とのいずれか低い金額

●第71条《雑損失の繰越控除》

確定申告書を提出する居住者のその年の前年以前３年内の各年において生じた雑損失の金額（この項又は次条第１項の規定により前年以前において控除されたものを除く。）は、政令で定めるところにより、当該申告書に係る年分の総所得金額、退職所得金額又は山林所得金額の計算上控除する。

○所得税法施行令

●第９条

法第２条第１項第27《災害の意義》に規定する政令で定める災害は、冷害、雪害、干害、落雷、噴火その他の自然現象の異変による災害及び鉱害、火薬類の爆発その他の人為による異常な災害並びに害虫、害獣その他の生物による異常な災害とする。

●第30条《非課税とされる保険金、損害賠償金等》

法第９条第１項第17号《非課税所得》に規定する政令で定める保険金及び損害賠償金は、次に掲げるものその他これらに類するもの（これらのものの額のうちに同号の損害を受けた者の各種所得の金額の計算上必要経費に算入される金額を補てんするための金額が含まれている場合には、当該金額を控除した金額に相当する部分）とする。

三　心身又は資産に加えられた損害につき支払を受ける相当の見舞金（第94条の規定に該当するものその他役務の対価たる性質を有するものを除く。）

●第178条《生活に通常必要でない資産の災害による損失額の計算等》

法第62条第１項《生活に通常必要でない資産の災害による損失》に規定する政令で定めるものは、次に掲げる資産とする。

一　競走馬（その規模、収益の状況その他の事情に照らし事業と認められるものの用に供されるものを除く。）その他射こう的行為の手段となる動産

二　通常自己及び自己と生計を一にする親族が居住の用に供しない家屋で主として趣味、娯楽又は保養の用に供する目的で所有するものその他主として趣味、娯楽、保養又は鑑賞の目的で所有する不動産

三　生活の用に供する動産で第25条《譲渡所得について非課税とされる生活用動産の範囲》の規定に該当しないもの

●第206条《雑損控除の対象となる雑損失の範囲等》

法第72条第１項《雑損控除》に規定する政令で定めるやむを得ない支出は、次に掲げる支出とする。

一　災害により法第72条第１項に規定する資産（以下この項において「住宅家財等」という。）が滅失し、損壊し又はその価値が減少したことによる当該住宅家財等の取壊し又は除去のための支出その他の付随する支出

二　災害により住宅家財等が損壊し又はその価値が減少した場合その他災害

により当該住宅家財等を使用することが困難となった場合において、その災害のやんだ日の翌日から1年を経過した日（大規模な災害の場合その他やむを得ない事情がある場合には、3年を経過した日）の前日までにした次に掲げる支出その他これらに類する支出

イ　災害により生じた土砂その他の障害物を除去するための支出

ロ　当該住宅家財等の原状回復のための支出（当該災害により生じた当該住宅家財等の第3項に規定する損失の金額に相当する部分の支出を除く。第4号において同じ。）

ハ　当該住宅家財等の損壊又はその価値の減少を防止するための支出

三　災害により住宅家財等につき現に被害が生じ、又はまさに被害が生ずるおそれがあると見込まれる場合において、当該住宅家財等に係る被害の拡大又は発生を防止するため緊急に必要な措置を講ずるための支出

四　盗難又は横領による損失が生じた住宅家財等の原状回復のための支出その他これに類する支出

2　法第72条第1項第1号に規定する政令で定める金額は、その年においてした前項第1号から第3号までに掲げる支出の金額（保険金、損害賠償金その他これらに類するものにより補塡される部分の金額を除く。）とする。

3　法第72条第1項の規定を適用する場合には、同項に規定する資産について受けた損失の金額は、当該損失を生じた時の直前におけるその資産の価額（その資産が法第38条第2項（譲渡所得の金額の計算上控除する取得費）に規定する資産である場合には、当該価額又は当該損失の生じた日にその資産の譲渡があったものとみなして同項の規定を適用した場合にその資産の取得費とされる金額に相当する金額）を基礎として計算するものとする。

○所得税基本通達

● 9－20《身体に損害を受けた者以外の者が支払を受ける傷害保険金等》

令第30条第1号の規定により非課税とされる「身体の傷害に基因して支払を受けるもの」は、自己の身体の傷害に基因して支払を受けるものをいうのであるが、その支払を受ける者と身体に傷害を受けた者とが異なる場合であっても、その支払を受ける者がその身体に傷害を受けた者の配偶者若しくは直系血族又は生計を一にするその他の親族であるときは、当該保険金又は給付金についても同号の規定の適用があるものとする。

● 9－22《所得補償保険金》

被保険者の傷害又は疾病により当該被保険者が勤務又は業務に従事することができなかったことによるその期間の給与又は収益の補塡として損害保険契約に基づき当該被保険者が支払を受ける保険金は、令第30条第1号に掲げる「身体の傷害に基因して支払を受けるもの」に該当するものとする。

（注）　業務を営む者が自己を被保険者として支払う当該保険金に係る保険料

は、当該業務に係る所得の金額の計算上必要経費に算入することができないのであるから留意する。

●72－1《事業以外の業務用資産の災害等による損失》

不動産所得、山林所得又は雑所得を生ずべき業務（事業を除く。）の用に供され又はこれらの所得の基因となる資産（令第81条第1号《譲渡所得の基因とされないたな卸資産に準ずる資産》に規定する資産を含み、山林及び生活に通常必要でない資産を除く。）につき災害又は盗難若しくは横領（以下72－7までにおいて「災害等」という。）による損失が生じた場合において、居住者が当該損失の金額及び令第206条第1項各号《雑損控除の対象となる雑損失の範囲》に掲げる支出（資本的支出に該当するものを除く。）の額の全てを当該所得の金額の計算上必要経費に算入しているときは、これを認めるものとする。この場合において、当該損失の金額の必要経費算入については法第51条第4項《資産損失の必要経費算入》の規定に準じて取り扱うものとし、法第72条第1項の規定の適用はないものとする。

(注)　この取扱いの適用を受けた資産につき、修繕その他原状回復のため支出した費用の額があるときは、51－3の適用がある。

●72－2《資産について受けた損失の金額の計算》

法第38条第2項に規定する資産について受けた損失の金額は、個々の資産ごとに、次に掲げる金額のいずれかを基礎として計算することに留意する。

(1)　損失を生じた時の直前におけるその資産の価額

(2)　令第206条第3項に規定するその資産の取得費とされる金額に相当する金額

●72－3《原状回復のための支出と資本的支出との区分の特例》

災害等により損壊した法第72条第1項に規定する資産について支出した金額で、その金額を当該資産の原状回復のための支出の部分の額とその他の部分の額とに区分することが困難なものについては、その金額の30％に相当する額を原状回復のための支出の部分の額とし、残余の額を資本的支出の部分の額とすることができる。

(注)　上記により計算された原状回復のための支出の額であっても、令第206条第1項第2号ロかっこ書の規定により、法第72条第1項に規定する損失の金額に含まれないものがあることに留意する。

●72－5《災害等関連支出の控除年分》

令第206条第1項各号に掲げる支出をした場合には、当該支出をした金額はその支出をした日の属する年分の法第72条第1項に規定する損失の金額となるのであるが、その年1月1日から3月15日までの間に支出をした金額については、その支出をした日の属する年の前年分（災害等のあった日の属する年以後の年分に限る。）の同項に規定する損失の金額として確定申告を行っている場合は、これを認めるものとする。

（注）　当該確定申告を行っている場合には、その支出をした金額は、その支出をした日の属する年分の当該損失の金額に含まれないことに留意する。

○国税通則法

●第11条《災害等による期限の延長》

国税庁長官、国税不服審判所長、国税局長、税務署長又は税関長は、災害その他やむを得ない理由により、国税に関する法律に基づく申告、申請、請求、届出その他書類の提出、納付又は徴収に関する期限までにこれらの行為をすることができないと認めるときは、政令で定めるところにより、その理由のやんだ日から２月以内に限り、当該期限を延長することができる。

○国税通則法施行令

●第３条《災害等による期限の延長》

国税庁長官は、都道府県の全部又は一部にわたり災害その他やむを得ない理由により、法第11条《災害等による期限の延長》に規定する期限までに同条に規定する行為をすることができないと認める場合には、地域及び期日を指定して当該期限を延長するものとする。

3　国税庁長官、国税不服審判所長、国税局長、税務署長又は税関長は、災害その他やむを得ない理由により、法第11条に規定する期限までに同条に規定する行為をすることができないと認める場合には、前２項の規定の適用がある場合を除き、当該行為をすべき者の申請により、期日を指定して当該期限を延長するものとする。

4　前項の申請は、法第11条に規定する理由がやんだ後相当の期間内に、その理由を記載した書面でしなければならない。

○災害被害者に対する租税の減免、徴収猶予等に関する法律（災害減免法）

●第２条

災害により住宅又は家財について甚大な被害を受けた者で被害を受けた年分の所得税法第22条に規定する総所得金額、退職所得金額及び山林所得金額の合計額（合計所得金額）が1,000円以下であるもの（当該災害損失額について雑損控除の適用を受けない者に限る。）に対しては、政令の定めるところにより、当該年分の所得税の額を、次の区分により軽減し又は免除する。

合計所得金額が500万円以下であるとき	当該所得税の額の全部
合計所得金額が750万円以下であるとき	当該所得税の額の10分の５
合計所得金額が750万円を超えるとき	当該所得税の額の10分の2.5

column 損失の控除

その年の合計所得金額が損失になってしまったときのその損失の金額は、青色申告をしていれば、翌年から３年間にわたり、各年の合計所得金額から控除することができます。

しかし、この損失が災害により生じたときは、白色申告者であってもこの控除の適用を受けることができます。

また、非業務用資産が災害により損失を受けたときであっても、生活に通常必要でない資産などを除いて、雑損控除の適用を受けることができます。

なお、雑損控除の適用を受けることができる損失とは、被害を受けた資産の損失だけでなく、被災した資産の後片付け費用などの災害関連支出も含まれます。

（資料）

○所得税法

●第70条２項《純損失の繰越控除》

確定申告書を提出する居住者のその年の前年以前３年内の各年において生じた純損失の金額（前項の規定の適用を受けるもの及び第142条第２項の規定により還付を受けるべき金額の計算の基礎となったものを除く。）のうち、当該各年において生じた次に掲げる損失の金額に係るもので政令で定めるものがあるときは、当該政令で定める純損失の金額に相当する金額は、政令で定めるところにより、当該申告書に係る年分の総所得金額、退職所得金額又は山林所得金額の計算上控除する。

一　変動所得の金額の計算上生じた損失の金額

二　被災事業用資産の損失の金額

●第72条《雑損控除》

居住者又はその者と生計を一にする配偶者その他の親族で政令で定めるものの有する資産（第62条第１項《生活に通常必要でない資産の災害による損失》及び第70条第３項《被災事業用資産の損失の金額》に規定する資産を除く。）について災害又は盗難若しくは横領による損失が生じた場合（その災害又は盗難若しくは横領に関連してその居住者が政令で定めるやむを得ない支出をした場合を含む。）において、その年における当該損失の金額（当該支出をした金額を含むものとし、保険金、損害賠償金その他これらに類するものにより補てんされる部分の金額を除く。以下この項において「損失の金額」という。）の合計額が次の各号に掲げる場合の区分に応じ当該各号に掲げる金額を超えるときは、その超える部分の金額を、その居住者のその年分の総所得金額、退職所得金額又は山林所得金額から控除する。

11 準確定申告

相談の背景

今年の３月に亡くなった父の相続人は、母と私、そして弟の３人です。

父の遺産は木造２階建てのアパート１棟だけなので、このアパートをどのように相続するかを決めるまで、少し時間が掛かりそうです。

このアパートを相続する人が決まるまでの間、このアパートは、どのようにして維持管理するのか、相続人全員で話し合う予定です。

相談Ⅰ

●準確定申告

父には年金とアパートの家賃収入がありましたので、毎年、確定申告をしていました。しかし、父は、昨年のアパート収入などについて確定申告書を提出していないようです。父の今年の申告は、どのようにしたらよいのですか。

回答Ⅰ

相続人は全員で協力して、被相続人に代わって、被相続人の所得について申告し、納税しなければならないことになっています。

なお、この申告書（準確定申告書）には「死亡した者の○年分の所得税及び復興特別所得税の確定申告書付表（兼相続人の代表者指定届出書）」を添付して提出することになります。

回答Ⅰのポイント①　▶▶▶　準確定申告

被相続人は死亡年分の所得について申告する必要があっ

たとき、相続人は被相続人に代わって、相続の開始があったことを知った日の翌日から4月以内に、被相続人の準確定申告書を提出して、所得税等を納付しなければなりません。

ただし、被相続人の死亡後に支給される年金は、その支給を受けた人の一時所得となることに注意する必要があります。

なお、年金や給与の支給を受けていた人は、準確定申告書を提出したことにより、所得税等を納付するのではなく、還付される場合もあります。また、この納付あるいは還付される税額は、相続税の申告において、課税対象財産・債務になります。

※準確定申告

亡くなった人の、その死亡年分に係る確定申告書は、通常の申告と区別するために、準確定申告書といいます。

※死亡した年の住民税の申告

亡くなった人の死亡した年分の住民税については、申告する必要ありません。

回答Ⅰのポイント2 ▶▶▶ 相続人の判断

生計を一にする人のその年の合計所得金額が48万円以下であるときなどは、配偶者控除や扶養控除などの適用を受けることができます。この配偶者控除などの適用が受けられるか否かは、その年の12月31日現在の状況により判断することになっていますが、被相続人については、死亡した日の現況により判断します。

また、被相続人と生計を一にしている人が被相続人の医療費を相続したとき、その医療費はその相続人が支出した医療費として医療費控除の適用を受けることができます。

回答Ⅰのポイント3 ▶▶▶ 被相続人の滞納税額

被相続人は死亡したときに滞納税額があったという場合、その滞納税額は、相続人が法定相続分の割合に応じて相続したものと定められています。

相続人が被相続人の税額を納付しなければいけないのは、死亡年分の所得に係る税額だけでなく、過年度分の税額が滞納になっているのであれば、その滞納税額についても、相続人は納付義務のあることに注意する必要があります。

相談Ⅱ

●未分割遺産からの収入

父の遺産はアパートだけしかないので、分割されるまでに少し時間が掛かりそうです。分割が決まるまでの間に支払を受けたアパートの家賃は、どのように申告したらよいのですか。

回答Ⅱ

遺産は、相続人間で分割されるまでの期間は、相続人全員の共有財産となります。そのため、アパートが分割されるまでの期間に支払を受けた家賃は、相続人の全員が支払を受けたとして、確定申告することになります。

回答Ⅱのポイント1 ▶▶▶ 共有財産

被相続人の遺産は、相続が開始してからその遺産が分割されるまでの期間は、相続人全員の共有財産となります。

そのため、この期間において遺産から収益が生じた場合、あるいは遺産を維持していくために費用などが発生した場合、それらは、相続人が法定相続分の割合に応じて収受し、負担することになります。

よって、この未分割期間における家賃収入について相続人は、法定相続分の割合に応じた金額を取得することになりますので、その収入について、確定申告する必要があります。

回答Ⅱのポイント[2] ▶▶▶ 申告不要

公的年金などの収入金額が400万円以下の人で、かつ、その年の公的年金以外の所得が20万円以下の人は、その年分の所得について、確定申告する必要はありません。

このように、従たる所得については、所得金額が少ないなどの要件に該当する人は、その収入はあっても確定申告しなくてよい場合があります。

相続が開始した年と遺産が分割した年における遺産からの収入は少ない金額の場合がありますので、確定申告書を提出しなくてよい場合のあることに注意する必要があります。

回答Ⅱのポイント[3] ▶▶▶ 青色申告

遺産が未分割のため、その遺産から生じた不動産所得について確定申告をしなければならないとき、家賃収入に関する収支について帳簿を備え付けるなどしているときは、所定の期限内に所得税の青色申告書承認申請書を所轄税務署長に提出すれば、青色申告書により不動産所得の申告をすることができます。

なお、所定の期限とは下記の通りです。

相続開始日がその年の届出書の提出期限は

1月1日から8月31日までの場合……死亡の日から4か月以内

9月1日から10月31日までの場合……その年の12月31

日まで
11月1日から12月31日までの場合……その年の翌年の
2月15日まで

相談Ⅲ

●遺産の分割

かなり時間が掛かってしまったのですが、父の遺産の分割が確定しました。

そのため、遺産が分割されなかった期間に受け取っていた遺産からの家賃収入については、どのようにして清算したらよいのでしょうか。

回答Ⅲ

遺産が分割されるまでの期間に支払を受けていた家賃や支払った費用について、遺産が分割された後に清算は行いません。

回答Ⅲのポイント1 ▶▶▶ 共有財産

未分割財産は相続人全員の共有財産となりますが、その後において遺産が分割されたとしても、共有財産であったことの事実を消すことはできません。そして、その共有財産から生じた収益や、その財産を維持していくための費用は、その所有者である相続人が全員で負担することになります。

つまり、その収益や費用については、それらが発生したときに、その負担者が確定しているのです。このようなことから、遺産が共有期間中だったときに支払を受けた収益や負担した費用について、遺産の分割が行われた後に、それらを相続人間で清算することはしません。

回答Ⅲのポイント② ▶▶▶ 所有権の発生時期

遺産が長期間未分割の状態にあったとしても、分割が行われれば、新しい所有者が確定します。そして、所有権に空白期間は発生しないとされていることから、相続した遺産の所有権は、相続開始日に遡って移転したことになります。そして、その資産の取得費と取得時期も、被相続人のものが相続人へ引き継がれることになります。

所有権の扱いと、共有期間において発生した収益等の扱いとには、違いのあることに注意する必要があります。

回答Ⅲのポイント③ ▶▶▶ 連帯納付義務

共有財産について、持分所有権を持っている人は、その共有物に係る税金（国税と地方税）について、他の持分所有者はその未納税額について、連帯して納付する義務が課されています。この規定は、未分割財産についても適用されます。

ただし、連帯納付義務を履行したとき、その納付税額は滞納者に対する貸金となりますので、後日において、返還を求めることができます。

根拠条文等（一部抜粋）

○所得税法

●第16条

6　納税義務者が死亡した場合には、その死亡した者に係る所得税の納税地は、その相続人に係る所得税の納税地によらず、その死亡当事におけるその死亡した者に係る所得税の納税地とする。

○所得税基本通達

●144－1《業務を承継した相続人が提出する承認申請書の提出期限》

青色申告書を提出することにつき税務署長の承認を受けていた被相続人の業務を相続したことにより新たに法第143条《青色申告》に規定する業務を開始した相続人が提出する法第144条に規定する申請書については、当該被相続人についての所得税の準確定申告書の提出期限（当該期限が法第147条《青色申告書の承認があったものとみなす場合》の規定により青色申告の承認があったとみなされる日後に到来するときは、その日）までに提出して差し支えない。

○国税通則法

●第5条《相続による国税の納付義務の承継》

相続（包括遺贈を含む。以下同じ。）があった場合には、相続人（包括受遺者を含む。以下同じ。）又は民法（明治29年法律第89号）第951条《相続財産法人の成立》の法人は、その被相続人（包括遺贈者を含む。以下同じ。）に課されるべき、又はその被相続人が納付し、若しくは徴収されるべき国税（その滞納処分費を含む。次章、第3章第1節《国税の納付》、第6章《附帯税》、第7章第1節（国税の更正、決定等の期間制限)、第7章の2《国税の調査》及び第11章《犯則事件の調査及び処分》を除き、以下同じ。）を納める義務を承継する。この場合において、相続人が限定承認をしたときは、その相続人は、相続によって得た財産の限度においてのみその国税を納付する責めに任ずる。

2　前項前段の場合において、相続人が2人以上あるときは、各相続人が同項前段の規定により承継する国税の額は、同項の国税の額を民法第900条から第902条まで《法定相続分・代襲相続人の相続分・遺言による相続分の指定》の規定によるその相続分により按分して計算した額とする。

3　前項の場合において、相続人のうちに相続によって得た財産の価額が同項の規定により計算した国税の額を超える者があるときは、その相続人は、その超える価額を限度として、他の相続人が前2項の規定により承継する国税を納付する責めに任ずる。

●第9条《共有物等に係る国税の連帯納付義務》

共有物、共同事業又は当該事業に属する財産に係る国税は、その納税者が連帯して納付する義務を負う。

○地方税法

●第10条の2《連帯納税義務》

共有物、共同使用物、共同事業、共同事業により生じた物件又は共同行為に対する地方団体の徴収金は、納税者が連帯して納付する義務を負う。

column 消費税の申告

相続人は、被相続人が死亡した年の1月1日から死亡した日までの期間に課税所得を稼得していたときは、当該所得について、相続の開始のあったことを知った日から4月以内に、被相続人の納税地の税務署長に準確定申告書を提出し、納税しなければなりません。

この場合、被相続人は消費税の申告・納付も行う必要がある人だったときは、相続人は所得税と同様に、4月以内に消費税の申告書を提出し、納税しなければなりません。そして、この申告書には付表6「死亡した者の消費税及び地方特別消費税の確定申告明細書」を添付することになっています。

なお、過年度の申告書の控えが見当たらないときは、相続人や税務の代理人であれば、納税地の税務署で、過去の申告書を閲覧することができます。

また、事業を引き継いだときは、別の対応になることに注意が必要です。

(資料)

○消費税法

●第45条《課税資産の譲渡等及び特定課税仕入れについての確定申告》

2　前項の規定による申告書を提出すべき個人事業者がその課税期間の末日の翌日から当該申告書の提出期限までの間に当該申告書を提出しないで死亡した場合には、その相続人は、政令で定めるところにより、その相続の開始があったことを知った日の翌日から四月を経過した日の前日までに、税務署長に当該申告書を提出しなければならない。

○消費税法施行令

●第63条《死亡の場合の確定申告等の特例》

法第45条第2項若しくは第3項又は第46条第2項の規定により相続人が申告書を提出する場合には、当該申告書には、法第45条第1項各号に掲げる事項のほか、財務省令で定める事項を併せて記載しなければならない。

○消費税法施行規則

●第23条《死亡の場合の確定申告書の記載事項》

令第63条第１項に規定する財務省令で定める事項は、次に掲げる事項とする。

一　被相続人の氏名及びその死亡の時における納税地

二　各相続人の氏名、住所又は居所、個人番号、被相続人との続柄、民法第900条から第902条まで《法定相続分・代襲相続人の相続分・遺言による相続分の指定》の規定によるその相続分及び相続又は遺贈によって得た財産の価額（個人番号を有しない者にあっては、氏名、住所又は居所、被相続人との続柄、同法第900条から第902条までの規定によるその相続分及び相続又は遺贈によって得た財産の価額）

三　相続人が限定承認をした場合には、その旨

四　相続人が２人以上ある場合には、法第45条第１項第４号に掲げる消費税額（同項第６号の規定に該当する場合には、同号に掲げる消費税額）を第２号の各相続人の相続分により按あん分して計算した金額に相当する消費税額

12 店舗兼用住宅をアパートに改装

相談の背景

親が住んでいた築15年・２階建ての店舗兼用住宅を相続しました。建物はまだ新しいことから、改装工事をして貸し出そうと考えています。

この建物は、構造上１階と２階がそれぞれ独立していることから、店舗用であった１階を住宅用に改装し、二世帯が住める建物にして、それぞれの部屋を貸し出したいと思っています。

相談Ⅰ

●改装費用

建物の１階は店舗仕様になっていましたので、工事を施して住宅用に改装しました。この工事に要した費用は、修繕費として必要経費に計上できますか。

回答Ⅰ

用途変更に要した工事などの費用は資本的支出となりますので、修繕費としてではなく資産に計上して、減価償却の手続により必要経費に計上することになります。

回答Ⅰのポイント① ▶▶▶ 用途変更のための工事費用

貸付用建物に施した工事費用のうち、通常の維持管理のために必要であるとして行った工事費用は、その貸家の賃貸収入に係る不動産所得の計算において、修繕費として必要経費に計上することができます。

しかし、事業用から居住用へと、用途変更するために行われた工事などに要した費用は資本的支出となりますので、金額にかかわらず、修繕費としてではなく建物の取得費に加算して、減価償却費として必要経費に計上することになります。

回答Ⅰのポイント②　▶▶▶　資本的支出

減価償却資産は時の経過と共に損耗していきますので、その資産の機能などを維持していくためには、維持管理のための費用支出が必要となります。このような費用支出を修繕費として必要経費に計上することになります。

このことから、その工事を行ったことにより資産の機能が高まったり使用可能期間が延長した、あるいは、従来ない機能を付加するなど物理的に新たな資産を取り付けしたときの工事費用は、修繕費にはなりません。これらの工事などに要した費用は資本的支出とされて、新規資産を取得したときと同じ取扱いとなります。

回答Ⅰのポイント③　▶▶▶　資本的支出か修繕費か

一の工事に支出した金額が、資本的支出と修繕費のどちらに該当するのかが明らかでない工事費用については、①その工事費用が60万円未満であるとき、②60万円以上であっても、その資産の取得費の概ね10％相当額以下の金額であるときは、その工事費用の全額を修繕費として必要経費に計上することができます。

あるいは、継続処理を条件として、工事費用の30％相当額と、その固定資産の前年12月31日における取得価額の10％相当額とのいずれか少ない金額を修繕費とし、残余の額を資本的支出の額とする方法も認められています。

なお、ここでいう「取得費」とは、建築した後に資本的支出が行われているときは、建築時の取得費にその資本的支出を加算した金額のことをいい、その建物の未償却残高ではないことに注意する必要があります。

相談Ⅱ

●減価償却

この建物の１階は事業用として使われていましたが、２階は両親の自宅として使用していました。この建物の減価償却費はどのようにして求めるのでしょうか。

回答Ⅱ

１階は事業所得の未償却残高をそのまま使用して償却費を求めます。

しかし、２階の未償却残高については、新築したときの見積書などから２階部分の取得費を求め、その金額から貸し出しするまでの期間に係る減価の額（償却費）を控除して、貸出日現在の未償却残高を求め、この未償却残高を基にして、償却費の金額を求めることになります。

回答Ⅱのポイント① ▶▶▶ 家事用資産の償却費

家事用（非事業用）として使用されていた資産を事業用に転用する場合、その資産を事業用に転用するときの未償却残高は、その資産の取得費から「減価の額」を控除した残額となります。

なお、この減価の額とは、その資産が事業用として使用されているときの耐用年数を1.5倍した年数を耐用年数とみなし、旧定額法の方法により、家事用として使用してきた期間の年数（６月以上は１年とし６月未満は切捨て）を乗じて求めた金額となります。減価の額は、各年ごとの金額を求めて、その金額を合計する方法により求めるものではないことに、注意する必要があります。

回答Ⅱのポイント2 ▶▶▶ 減価償却の方法

被相続人の事業を相続により引き継いだときで、その引き継いだ事業に固定資産が含まれているとき、相続人はその固定資産の取得時期と取得価額についても、被相続人の時期と金額を引き継ぐことになります。

このようなことから、当然に、その固定資産の未償却残高の金額も引き継ぎます。

しかし、税務申告におけるそれら固定資産に係る減価償却費の算出方法や青色申告など、所定の手続によらなければ適用が受けられないものについては、相続人は被相続人が採用していた方法等を引き継ぐことはできません。そのため、被相続人がどのような償却方法を採用していたとしても、個人の法定減価償却の方法は定額法ですから、その相続人が定額法以外の方法により減価償却費を求めたいのであれば、「所得税の（棚卸資産の評価方法）減価償却資産の償却方法の届出書」を、その申告書の提出期限までに、納税地所轄の税務署長に提出しなければなりません。

ただし、平成10年４月１日以後に取得した建物の償却方法は、旧定額法または定額法のいずれかの方法により、そして平成28年４月１日以後に取得した建物附属設備および構築物の償却方法は定額法の方法により、減価償却費を求めなければいけないことになっています。

そして、ここにおける「取得」には、相続による取得も含まれることに、注意する必要があります。

回答Ⅱのポイント3 ▶▶▶ 減価償却費の計上

課税所得金額を求めるときの減価償却費の取扱いは、所得税と法人税とでは異なります。

個人の所得金額の計算において、減価償却費の計上は強制計上することになっていますが、法人の所得計算において、減価償却費を損金に計上するためには損金経理を要すと規定されているだけで、減価償却費の計上は強制ではありません。

ですから、法人の所得計算において、減価償却費は損金経理をしたときにのみ損金に計上されるのであって、損金経理をしなければ、減価償却費は損金に計上されません。

また、個人の所得金額の計算において減価償却費の計上は強制ですから、「減価償却費の未計上」は更正の請求原因となります。

相談Ⅲ

●借入金

この建物を建てたときのローンがまだ残っています。今後、賃貸収入からローンを返済しますが、住宅用と事業用のローンを一本化してもらいました。この新しいローンの取扱いで注意しなければならないことがありますか。

回答Ⅲ

建物の賃貸収入から、ローンの返済時に支払った利息を、不動産所得の計算において必要経費に計上できます。ただし、原則として、新ローン組替え直前のローン残高が限度となります。

回答Ⅲのポイント1 ▶▶▶ ローンの引継ぎ

建物を相続したときに、その建物を取得するためのローンに残債があり、その残債も合わせて相続したのであれば、そのローンに係る利息は、不動産所得の金額の計算において、必要経費に計上することができます。

回答Ⅲのポイント② ▶▶▶ ローンの借換え

今回の工事費に充てるために借入れをする際、建物を購入した時の残債と一つにまとめたとしても、その新ローンの取扱いに特段問題となることはありません。

しかし、ローン２口を一つにまとめたとき、新ローンの金額が残債と工事費との合計額を上回る場合のその上回る部分の使途が、賃貸用不動産の業務に充てられていない場合のその部分の利息は、不動産所得の金額の計算において、必要経費に算入されません。

回答Ⅲのポイント③ ▶▶▶ 土地の取得に係る借入金

個人が平成４年以後に借入金で貸家を取得して賃貸しているときにおいて、その不動産所得の金額が損失になったときの当該損失の金額のうち、その貸家の敷地などの土地を取得するために受けた融資の利息が必要経費に含まれている場合、その損失金額のうち当該土地の取得に係る利息相当額の金額については、生じなかったものとみなすことになっていますので、その利息を必要経費に計上することはできません。

根拠条文等（一部抜粋）

○所得税法

●第37条《必要経費》

その年分の不動産所得の金額、事業所得の金額又は雑所得の金額の計算上必要経費に算入すべき金額は、別段の定めがあるものを除き、これらの所得の総収入金額に係る売上原価その他当該総収入金額を得るため直接に要した費用の額及びその年における販売費、一般管理費その他これらの所得を生ずべき業務について生じた費用（償却費以外の費用でその年において債務の確定しないものを除く。）の額とする。

●第60条《贈与等により取得した資産の取得費等》

居住者が次に掲げる事由により取得した前条第１項に規定する資産を譲渡した場合における事業所得の金額、山林所得の金額、譲渡所得の金額又は雑所得の金額の計算については、その者が引き続きこれを所有していたものとみなす。

一　贈与、相続（限定承認に係るものを除く。）又は遺贈（包括遺贈のうち限定承認に係るものを除く。）

○法人税法

●第31条《減価償却資産の償却費の計算及びその償却の方法》

内国法人の各事業年度終了の時において有する減価償却資産につきその償却費として第22条第３項《各事業年度の損金の額に算入する金額》の規定により当該事業年度の所得の金額の計算上損金の額に算入する金額は、その内国法人が当該事業年度においてその償却費として損金経理をした金額のうち、その取得をした日及びその種類の区分に応じ、償却費が毎年同一となる償却の方法、償却費が毎年一定の割合で逓減する償却の方法その他の政令で定める償却の方法の中からその内国法人が当該資産について選定した償却の方法に基づき政令で定めるところにより計算した金額に達するまでの金額とする。

○所得税法施行令

●第120条《減価償却資産の償却の方法》

平成19年３月31日以前に取得された減価償却資産（第６号に掲げる減価償却資産にあっては、当該減価償却資産についての同号に規定する改正前リース取引に係る契約が平成20年３月31日までに締結されたもの）の償却費（法第49条第１項《減価償却資産の償却費の計算及びその償却の方法》の規定による減価償却資産の償却費をいう。）の額の計算上選定をすることができる同項に規定する政令で定める償却の方法は、次の各号に掲げる資産の区分に応じ当該各号に定める方法とする。

一　建物（第３号に掲げるものを除く。）　次に掲げる区分に応じそれぞれ次に定める方法

イ　平成10年３月31日以前に取得された建物　次に掲げる方法

(1)　旧定額法（当該減価償却資産の取得価額からその残存価額を控除した金額にその償却費が毎年同一となるように当該資産の耐用年数に応じた償却率を乗じて計算した金額を各年分の償却費として償却する方法をいう。）

(2)　旧定率法（当該減価償却資産の取得価額（第２年目以後の償却の場合にあっては、当該取得価額から既に償却費として各年分の不動産所得の金額、事業所得の金額、山林所得の金額又は雑所得の金額の計算

上必要経費に算入された金額を控除した金額）にその償却費が毎年一定の割合で逓減するように当該資産の耐用年数に応じた償却率を乗じて計算した金額を各年分の償却費として償却する方法をいう。）

ロ　イに掲げる建物以外の建物　旧定額法

●第123条《減価償却資産の償却の方法の選定》

4　第120条の２第１項第３号に掲げる減価償却資産のうち平成28年３月31日以前に取得されたもの（以下この項において「旧選定対象資産」という。）につき既にそのよるべき償却の方法として定額法を選定している場合（２以上の事業所又は船舶を有する場合で既に事業所又は船舶ごとに異なる償却の方法を選定している場合を除く。）において、同号イに掲げる減価償却資産（以下この項において「新選定対象資産」という。）で、同日以前に取得されるとしたならば当該旧選定対象資産と同一の区分（第１項に規定する区分をいう。以下この項において同じ。）に属するものにつき第２項の規定による届出をしていないときは、当該新選定対象資産については、定額法を選定したものとみなす。ただし、当該新選定対象資産と同一の区分に属する他の新選定対象資産について、次条第１項の承認を受けている場合は、この限りでない。

○所得税基本通達

●37－10《資本的支出の例示》

業務の用に供されている固定資産の修理、改良等のために支出した金額のうち当該固定資産の価値を高め、又はその耐久性を増すこととなると認められる部分に対応する金額が資本的支出となるのであるから、例えば、次に掲げるような金額は、原則として資本的支出に該当する。

(1)　建物の避難階段の取付け等物理的に付加した部分に係る金額

(2)　用途変更のための模様替え等改造又は改装に直接要した金額

(3)　機械の部分品を特に品質又は性能の高いものに取り替えた場合のその取替えに要した金額のうち通常の取替えの場合にその取替えに要すると認められる金額を超える部分の金額

(注)　建物の増築、構築物の拡張、延長等は建物等の取得に当たる。

●37－11《修繕費に含まれる費用》

業務の用に供されている固定資産の修理、改良等のために支出した金額のうち当該固定資産の通常の維持管理のため、又は災害等によりき損した固定資産につきその原状を回復するために要したと認められる部分の金額（当該金額に係る損失につき法第51条第１項若しくは第４項《資産損失の必要経費算入》又は第72条《雑損控除》の規定の適用を受けている場合には、当該金額のうち、これらの規定に規定する損失の金額に算入された金額を除く。）が修繕費となるのであるが、次に掲げるような金額は、修繕費に該当する。

●37－13《形式基準による修繕費の判定》

一の修理、改良等のために要した金額のうちに資本的支出であるか修繕費であるかが明らかでない金額があり、その金額が次のいずれかに該当する場合において、その修理、改良等のために要した金額を修繕費の額としてその業務に係る所得の金額を計算し、それに基づいて確定申告を行っているときは、これを認めるものとする。

(1) その金額が60万円に満たない場合

(2) その金額がその修理、改良等に係る固定資産の前年12月31日における取得価額のおおむね10%相当額以下である場合

（注１） 前年以前の各年において、令第127条第４項の規定の適用を受けた場合における当該固定資産の取得価額とは、同項に規定する一の減価償却資産の取得価額をいうのではなく、同項に規定する旧減価償却資産の取得価額と追加償却資産（同項に規定する追加償却資産をいう。以下この項において同じ。）の取得価額との合計額をいうことに留意する。

（注２） 固定資産には、当該固定資産についてした資本的支出が含まれるのであるから、当該資本的支出が同条第５項の規定の適用を受けた場合であっても、当該固定資産に係る追加償却資産の取得価額は当該固定資産の取得価額に含まれることに留意する。

●37－14《資本的支出と修繕費の区分の特例》

一の修理、改良等のために要した金額のうちに資本的支出であるか修繕費であるかが明らかでない金額（37－12、37－12の２、37－13又は37－14の２の適用があるものを除く。）がある場合において、継続してその金額の30%相当額とその修理、改良等をした固定資産の前年12月31日における取得価額の10%相当額とのいずれか少ない金額を修繕費の額とし、残余の額を資本的支出の額としてその業務に係る所得の金額を計算し、それに基づいて確定申告を行っているときは、これを認めるものとする。

○租税特別措置法

●第41条の４《不動産所得に係る損益通算の特例》

個人の平成４年分以後の各年分の不動産所得の金額の計算上生じた損失の金額がある場合において、当該年分の不動産所得の金額の計算上必要経費に算入した金額のうちに不動産所得を生ずべき業務の用に供する土地又は土地の上に存する権利を取得するために要した負債の利子の額があるときは、当該損失の金額のうち当該負債の利子の額に相当する部分の金額として政令で定めるところにより計算した金額は、所得税法第69条第１項の規定その他の所得税に関する法令の規定の適用については、生じなかったものとみなす

column 修繕費

耐用年数の全部が経過してしまっている固定資産であっても、現在使用している資産であれば、故障の防止や機能を維持させるため等を目的として、保守点検や補修修理等が行われます。もちろん、これら支出についても、他の資産への支出と同様の規準により判断し、処理することになります。

耐用年数の到来の有無は、修繕費に該当するか否かの判断に、何も影響は与えません。

なお、用途変更するために行われた改修等の工事は、金額の如何に関わらず、資本的支出として扱います。

(資料)

○法人税基本通達

● 7－8－9《耐用年数を経過した資産についてした修理、改良等》

耐用年数を経過した減価償却資産について修理、改良等をした場合であっても、その修理、改良等のために支出した費用の額に係る資本的支出と修繕費の区分については、一般の例によりその判定を行うことに留意する。

13 寮費

相談の背景

当社は注文が増えてきたので、増産体制を検討していますが、資金繰りが厳しいので、広い工場に移転するまでは時間が掛かります。

仕方がないので、従業員を増員して機械を長時間稼働させる方法での増産を考えています。そのため、工場の近くに寮を用意して、従業員を増やしていこうと考えています。

相談Ⅰ

●通常の賃貸料

当社は仕事の受注量が増えてきました。工場を移転して広くするほどの資力はまだないことから、当分の間、増産は従業員数を増やして、操業時間を延長して対応することになりました。

そのため、工場の敷地内に寮を建設することになったのですが、寮費は徴収しない予定です。寮費の負担を求めないことに、何か問題がありますか。

回答Ⅰ

従業員に寮費の負担を求めないときは、その従業員に「通常の賃貸料」相当額の給与を支給したとみなして、給与事務を行うことになります。

回答Ⅰのポイント1 ▶▶▶ 経済的利益

自宅の家賃は、支給を受けた給与から支出すべきものです。しかし、厚生事業の一つとして、従業員へ寮を提供するときもあります。そのとき、寮費を徴収するのかしないのか、そして徴収するときはいくら徴収するのか。これらについては、会社と従業員とが相談して決める問題です。

しかし、従業員から寮費を徴収しないときは、その従業員に多額な経済的利益を供与していることになります。それは、その従業員へ給与を支給しているのと、同じ経済的効果となります。

このことから、従業員に寮費の負担を求めないとき、税務上は、その従業員に対して、賃貸料相当額の給与を支給したとして扱うことになります。

回答Ⅰのポイント② ▶▶▶ 通常の賃貸料

寮費の経済的利益を判断するときに基準となる通常の賃貸料の金額は、下記の算式により求めます。

算式ⅰ　役員の寮の場合

$$\text{通常の賃貸料の金額の月額} = \left(\text{その年度の家屋の固定資産税の課税標準額} \times 12\% + \text{その年度の敷地の固定資産税の課税標準額} \times 6\%\right) \times \frac{1}{12}$$

（注１）　家屋の耐用年数が30年を超える場合、算式中12％とあるのは10％にします。

（注２）　床面積が132㎡（家屋の耐用年数が30年を超えるときは99㎡）以下のときは、下記ⅱの算式により求めた金額とします。

算式ⅱ　使用人の寮の場合

$$\text{通常の賃貸料の金額の月額} = \text{その年度の家屋の固定資産税の課税標準額} \times 0.2\% + 12\text{円}$$

× その家屋の総床面積㎡ ＋ その年度の敷地の固定資産税の課税標準額 × 0.22％ × $\frac{1}{12}$

回答Ⅰのポイント③ ▶▶▶ 役員賞与

寮を利用している人が法人の役員の場合は、いくつか注意しなければならないことがあります。

つまり、役員に支給する給与が法人の所得計算において損金になるのは、定期の給与だけなのです。ですから、会社が公共料金も負担すると、毎月の給与の金額は一定額になりません。給与の支給額が変動すると、それは賞与とされます。そして、役員賞与は損金には算入されませんので、このことに注意する必要があります。

また、株主総会などで役員報酬の年間支給額が定められているとき、この給与とみなされた金額を給与に加算してしまうと、その年間支給額を超えてしまうという場合のその超過部分の金額も損金に算入されないことになります。

ただし、法人の所得計算において損金に算入されなくても、個人は給与として支給を受けたことになっていますので、その給与とみなされた金額に対して、所得税や住民税などが課税されることになります。

●借家の場合の寮費

相談Ⅱ

会社が貸家を借りて寮にしたとき、従業員から寮費はいくら徴収すればよいですか。

回答Ⅱ

安い金額で従業員に寮を使わせると、その従業員に経済的利益を供与しているとして、その利益額は給与とみなされて課税されてしまいますが、会社が支払う貸家の50%相当額以上の金額を寮費として従業員に負担してもらっていれば、経済的利益はないとされて、従業員に給与課税は行われません。

回答Ⅱのポイント1 ▶▶▶ 原則

会社が外部の人から建物を賃借して従業員に寮として貸与するときであっても、寮費に関する扱いは変わりません。通常の賃貸料の金額を求めて、その金額に基づいて判断し、税務処理することになります。

なお、従業員が寮費として、通常の賃貸料の50％相当額以上の負担をしていれば、経済的利益はないとして、給与課税は行われません。

回答Ⅱのポイント2 ▶▶▶ 簡便法

通常の賃貸料の金額を求めるためには、その不動産の固定資産税に係る課税標準額の金額を知る必要があります。

しかし、自己所有でない不動産の固定資産税評価額を求めることは難しく、この評価額が解らなければ、通常の賃貸料の金額を求めることができません。

そのようなときは、会社が貸主に支払う賃料を通常の賃貸料とみなして、従業員がその50％相当額以上を負担していれば、経済的利益はないとして、給与課税は行われません。

回答Ⅱのポイント3 ▶▶▶ 家賃補助

寮を従業員に貸し付けるのではなく、従業員が現在賃借している部屋を寮とみなして、その部屋の賃料の50％相当額を家賃補助として現金などにより給付した場合、実質的には、上記2の場合（雇用者が支払った賃料の50％を使用人が負担する場合）と同じ効果になります。

しかし、現金などを給付したときは、それは、給与に住宅手当という新たな手当を増やして給与を増額支給したとみなされます。現金などで給付したときは、どのような名称で給付したとしても、給与とみなされて、所得税や住民税が課税されることに注意する必要があります。

相談Ⅲ

●自己建設の場合の寮費

工場の敷地に寮を建設して、工場で働いている人達の中から希望者を募り、寮を利用してもらう予定です。

寮の建物を自ら建設して寮費を使用人から徴収するとしたとき、最低限、いくら徴収すればよいですか。

回答Ⅲ

土地と建物の固定資産税評価額を元に、一定の算式（前記Ⅰの②記載の算式）により求めた「通常の賃貸料」の金額の50％以上の金額を寮費として徴収していれば、従業員に給与課税は行われません。

回答Ⅲのポイント① ▶▶▶ 寄宿舎の公共料金

独身寮などにおいては、寄宿舎タイプの寮になっている場合があります。このような場合には、電気やガスなどの公共料金のメーターが一つしかないため、料金は一括して支払われます。そのため、寮を利用している人毎の使用量を明らかにすることができません。

このようなときは、公共料金を従業員から徴収しなくても、経済的利益はないとして、給与課税しなくて差し支えないことになっています。

回答Ⅲのポイント2 ▶▶▶ プール計算

従業員が負担する寮費の金額を決める際、従業員の地位や役職の違いなどを基準にして寮費の負担額に違いを設けたとしても、その金額の違いはバランスのとれているものであり、かつ、徴収している賃貸料の合計額が、その貸与している全ての住宅について求めた通常の賃貸料の合計額の50％以上の金額であるときは、貸与している全ての従業員について、寮を貸与していることに係る経済的利益はないものとします。

回答Ⅲのポイント3 ▶▶▶ 賃料の改定

通常の賃貸料は固定資産税の課税標準額により決定されますので、固定資産税の課税標準額が改正されれば、当然に、通常の賃貸料の金額について見直しを行い、寮費の改定が行われなければなりません。

しかし、改正された固定資産税の課税標準の金額が、20％以内の金額の増減にとどまる場合には、改正前の課税標準額を基にして求めた通常の賃貸料の金額を、そのまま用いていても、差し支えないとされています。

根拠条文等（一部抜粋）

○所得税基本通達

●36－26《課税しない経済的利益……寄宿舎の電気料等》

使用者が寄宿舎の電気、ガス、水道等の料金を負担することにより、当該寄宿舎に居住する役員又は使用人が受ける経済的利益については、当該料金の額がその寄宿舎に居住するために通常必要であると認められる範囲内のものであり、かつ、各人ごとの使用部分に相当する金額が明らかでない場合に限り、課税しなくて差し支えない。

●36－40《役員に貸与した住宅等に係る通常の賃貸料の額の計算》

使用者（国、公共法人等を除く。）がその役員に対して貸与した住宅等に係る通常の賃貸料の月額は、次に掲げる算式により計算した金額（使用者が他から借り受けて貸与した住宅等で当該使用者の支払う賃借料の額の50％に相当する金額が当該算式により計算した金額を超えるものについては、その50％に相当する金額）とする。

ただし、36－41に定める住宅等については、この限りでない。

役員に貸与した住宅等に係る通常の賃貸料の額の算式

$$\left(\text{その年度の家屋の固定資産税の課税標準額} \times 12\%\left(\begin{array}{l}\text{木造家屋以外の家屋につい}\\\text{ては10\%}\end{array}\right) + \text{その年度の敷地の固定資産税の課税標準額} \times 6\%\right) \times \frac{1}{12}$$

（注１）　家屋だけ又は敷地だけを貸与した場合には、その家屋だけ又は敷地だけについて上記の取扱いを適用する。

（注２）　上記の算式中「木造家屋以外の家屋」とは、耐用年数省令別表第１に規定する耐用年数が30年を超える住宅用の建物をいい、木造家屋とは、当該耐用年数が30年以下の住宅用の建物をいう（以下36－41において同じ。）。

●36－41《小規模住宅等に係る通常の賃貸料の額の計算》

36－40の住宅等のうち、その貸与した家屋の床面積（２以上の世帯を収容する構造の家屋については、１世帯として使用する部分の床面積。以下この項において同じ。）が132平方メートル（木造家屋以外の家屋については99平方メートル）以下であるものに係る通常の賃貸料の額は、36－40にかかわらず、次に掲げる算式により計算した金額とする。

通常の賃貸料の算式

$$\text{その年度の家屋の固定資産税の課税標準額} \times 0.2\% + 12\text{円} \times \frac{\text{当該家屋の総床面積㎡}}{3.3\text{㎡}} + \text{その年度の敷地の固定資産税の課税標準額} \times 0.22\%$$

（注）　敷地だけを貸与した場合には、この取扱いは適用しないことに留意する。

●36－44《住宅等の貸与による経済的利益の有無の判定上のプール計算》

使用者が住宅等を貸与した全ての役員（令第21条第４号《非課税とされる職務上必要な給付》に規定する者を除く。以下この項において同じ。）からその貸与した住宅等の状況に応じてバランスのとれた賃貸料を徴収している場合において、その徴収している賃貸料の額の合計額が役員に貸与した全ての住宅等につき36－40から36－43までにより計算した通常の賃貸料の額の合計額以上であるときは、これらの全ての役員につき住宅等の貸与による経済的利益はないものとする。

●36－45《使用人に貸与した住宅等に係る通常の賃貸料の額の計算》

使用者が使用人（公共法人等の役員を含む。以下36－48までにおいて同じ。）に対して貸与した住宅等（当該使用人の居住の用に供する家屋又はその敷地の用に供する土地若しくは土地の上に存する権利をいう。以下36－48までにおいて同じ。）に係る通常の賃貸料の額は、36－41に掲げる算式により計算した金額とする。この場合において、その計算に関する細目については、36－46に該当する場合を除き、36－42の取扱いに準ずるものとする。

●36－46《通常の賃貸料の額の改算を要しない場合》

使用者が使用人に対して貸与した住宅等の固定資産税の課税標準額が改訂された場合であっても、その改訂後の課税標準額が現に通常の賃貸料の額の計算の基礎となっている課税標準額に比し20％以内の増減にとどまるときは、現にその計算の基礎となっている課税標準額を基として36－45の取扱いを適用して差し支えない。この場合において、使用者が徴収している賃貸料の額が36－48に該当するものであるときは、使用人（令第21条第４号に規定する者を除く。以下36－48までにおいて同じ。）に貸与した全ての住宅等を一括して、又は１か所若しくは数か所の事業所等ごとの区分により、20％以内であるかどうかを判定して差し支えない。

●36－47《徴収している賃貸料の額が通常の賃貸料の額の50％相当額以上である場合》

使用者が使用人に対して貸与した住宅等につき当該使用人から実際に徴収している賃貸料の額が、当該住宅等につき36－45により計算した通常の賃貸料の額の50％相当額以上である場合には、当該使用人が住宅等の貸与により受ける経済的利益はないものとする。

●36－48《住宅等の貸与による経済的利益の有無の判定上のプール計算》

使用者が住宅等を貸与した全ての使用人から、その貸与した住宅等の状況に応じてバランスのとれた賃貸料を徴収している場合において、その徴収している賃貸料の額の合計額が使用人に貸与した全ての住宅等につき36－45により計算した通常の賃貸料の額の合計額の50％相当額以上であるときは、これらの全ての使用人につき住宅等の貸与による経済的利益はないものとする。この場合において、使用人に貸与した全ての住宅等につき一括してこれらの合計額を計算することが困難であるときは、１か所又は数か所の事業所等ごとにその所属する住宅等の全部を基として計算して差し支えない。

column 判断基準

会社が借家を借りて寮として従業員に貸し付けるとき、従業員から収受する寮費の金額を決める際に必要となる「通常の賃借料の額」は、固定資産税評価額を用いて求めます。また、小規模住宅等の判定には床面積を基準として判断します。

この場合、これらを判断するとき、その貸室がマンションの場合は、借り受けたマンションの専有部分だけで判断するのではなく、その貸室に帰属する共益部分をも含めたところで判断することになります。

(資料)

役員に貸与したマンションの共用部分の取扱い

【照会要旨】

マンションの１室を会社が借り受けてこれを役員に貸与していますが、この場合の「通常の賃貸料の額」の計算について

⑴　所得税基本通達36－40《役員に貸与した住宅等に係る通常の賃貸料の額の計算》及び同通達36－41《小規模住宅等に係る通常の賃貸料の額の計算》に定める「固定資産税の課税標準額」は、共用部分を含めて判定するのでしょうか。

⑵「小規模住宅等」かどうかは、共用部分を含めて判定するのでしょうか。

【回答要旨】

⑴、⑵とも共用部分を含めて計算します。

「通常の賃貸料の額」の算定は、社宅としてのその資産の利用の対価に相当する額を算出しようとするものですから、共用部分も含めて判定すべきです。

【関係法令通達】

所得税基本通達36－40、36－41

14 事業の相続

相談の背景

長年の間、父と母と私の３人で食堂を営んで来ましたが、今年の４月に父は亡くなりました。食堂は、父が切り盛りしてきた店だったので、父が亡くなったことを機会に閉店する予定でした。

しかし、常連のお客さんからの要請もあり、店は私が受け継いで、これからも続けていくことになりました。

相談Ⅰ

●事業引継の手続

私は父の事業をそのまま引き継ぎますので、税務の申告に関する各種手続も、そのまま引き継がれると考えてよいでしょうか。

回答Ⅰ

被相続人が事業を営んでいた場所で、被相続人が営んでいた事業を相続人が引き継ぐ場合であっても、事業主が変われば申告者も変わります。

このことから、新たに事業を開始した人は、自らの申告に関することについて、所定の手続を行わなければなりません。

回答Ⅰのポイント① ▶▶▶ 個人事業の開業届出書

個人が新たに事業を開始したときは、税務署や都道府県税事務所などに、個人の事業開始に関する各種の申請書や届出書を提出する必要があります。この提出しなければならない主な書類は次のようなものです。

『個人事業の開業届出書』、『所得税の青色申告承認申請

書』、『給与支払事務所等の開設届出書』、『源泉所得税の納期の特例の承認に関する申請書』です。

ただし、給与を支給する使用人がいないときは、『給与支払事務所等の開設届出書』と『源泉所得税の納期の特例の承認に関する申請書』を提出する必要はありません。

なお、青色申告は強制ではありませんが、税務上の優遇規定の適用を受けるときは、ほとんどの場合において、青色申告していることが適用条件になっています。

回答Ⅰのポイント②　▶▶▶　提出期限

税に関する各種手続に関する申請書を提出したとしても、それで問題なく手続を終えたということにはなりません。申請書には、提出期限が付されています。その期限を過ぎてから提出したときは、その次の期間（又は年）から、その申請書の効力が生じることになります。すべての申請書が、提出した日（又は年）から効力を発揮するということではありません。

なお、提出期限のある申請書とは、『所得税の青色申告承認申請書』及び『源泉所得税の納期の特例の申請書』ですが、所得税の青色申告承認申請書は、事業を開始した年の３月15日まで（１月16日以後に事業を開始したときは事業開始後２月以内）に提出しなければ、その年の申告は白色申告となります。

また、『源泉所得税の納期の特例の申請書』は、申請書を提出した月の翌月に支給する給与から適用が受けられることになります。そのため、この申請書を提出した月も含めて、それまでの期間に支給した給与から天引きした税金は、その給与を支給した月の翌月10日までに納付しなければなりません。

それから、相続により事業を引き継いだ場合の『所得税の青色申告承認申請書』の提出期限は、相続開始日が次に掲げる期間のいずれに該当するのかにより、それぞれに記載された日が提出期限となります。

i　1月1日から8月31日までの場合……死亡した日から4月以内

ii　9月1日から10月31日までの場合……その年の12月31日まで

iii　11月1日から12月31日までの場合……その年の翌年2月15日まで

回答Ⅰのポイント3 ▶▶▶ その他の届出書

新たに事業を開始したときは、前記「回答Ⅰのポイント1」に記載した届出書などを提出していれば税務上は問題ありませんが、次のような届出書を提出することもできます。

自宅と事業所とが異なる場所にあるときは、自宅の所在地で申告することになりますが、『所得税・消費税の納税地の異動又は変更に関する届出書』を提出すれば、事業所の所在地で申告することができます。

また、家族に給与を支給した場合、労働の対価として適正額の給与であれば、その給与は働いた人の財産となります。

しかし、その対価として支給した給与が適正額であっても、事業所得などの所得金額の計算において、必要経費に計上することはできません。家族に支給した給与を必要経費に計上するためには、その人に青色事業専従者になってもらい、その後において支給した、青色事業専従者給与であることが必要です。

なお、この場合には、『青色事業専従者給与に関する届出書』の提出が必要となります。

その他にも、『減価償却資産の償却方法の届出書』や『棚卸資産の評価方法の届出書』などがあります。

相談Ⅱ

●事業者は諸帳簿を作成し調査を受任する

父の事業を相続して、店は私が切り盛りしていくことになったのですが、事業を行っていくに際して、何か注意すべきことがありますか。

回答Ⅱ

事業を遂行していくときは、各種取引を出納帳などに記録し、それらの記録に基づいて申告書を作成しますが、その申告書の内容に問題がないことの確認を受けるため、税務調査を受けることがあります。

回答Ⅱのポイント1 ▶▶▶ 総勘定元帳

納税額が少なくなる税務上の各種特例規定は、多くの場合、青色申告者であることが適用条件になっていますので、特例規定の適用を受けたいのであれば、青色申告が承認されるために、必要な要件を満たすための対応が必要となります。

青色申告の申請が承認されるためには、現金・預金出納帳、売掛帳、買掛帳、経費帳、固定資産台帳などの諸帳簿を備え付け、これらの記載に基づいて、複式簿記の方法により総勘定元帳を作成し、これらの帳簿に基づいて申告書を作成すると共に、これらの帳簿を保存しておくことが必要となります。

回答Ⅱのポイント2 ▶▶▶ 期限内申告と納税

所得税の確定申告書は、翌年の３月15日までに所轄の税務署長宛に提出し、同日までに納税を済ませなければなりません。期限内に申告書が提出されないと、無申告加算税や延滞税が課されることになります。

なお、期限内に申告や納税をしなかったときに賦課される本税以外の税金は罰金なので、所得金額の計算において、それらを必要経費に計上することはできません。

回答Ⅱのポイント3 ▶▶▶ 税務調査

事業者には何年かに一度、過去の申告内容に問題がなかったかどうかを確認するため、税務署の調査官が事業所まで来所し、領収書や会計帳簿などを確認する、税務調査が行われることがあります。

この税務調査を正当な理由なく拒否すると、受忍義務違反の罪に問われて、罰金や罰則が科されます。

さらに、調査の結果、先に提出した申告書の内容に誤りのあることが確認された場合には、その申告内容を正しいものに修正しなければなりません。この修正をした結果、増差税額が生じた場合には、その増差税額に対して延滞税や過少申告加算税（又は重加算税）が賦課されることになります。

相談Ⅲ

●消費税の申告と納付

事業を行っていくときは、消費税の申告が必要になりますか。

回答Ⅲ

事業を相続したとき、消費税の申告や納税については、被相続人と相続人双方の課税売上高をもって、判定することになります。

回答Ⅲのポイント① ▶▶▶ 納税義務の判定

事業を相続により引き継いだとき、消費税の納税義務について判定するときは、注意しなければならないことがあります。

i　相続が開始した年

相続が開始した年において、その事業を相続した相続人のその事業に係る消費税の申告納税義務については、被相続人の基準期間の課税売上高が1000万円を超えているときは、消費税を申告し納税する義務があります。しかし、その課税売上高が1000万円以下であったときは、申告納税義務はありません。

ii　相続があった年の翌年と翌々年

相続があった年の翌年と翌々年に係る消費税の申告納税の義務については、被相続人と相続人の課税売上高の合計額をもって、納税義務の有無について判定することになります。

回答Ⅲのポイント② ▶▶▶ 簡易課税制度

基準期間の課税売上高が5000万円以下の事業者は、消費税の申告・納付について実額で計算するのではなく、簡易課税の方法により計算して申告・納付することができます。

簡易課税とは、事業者を事業の形態により第一種事業から第六種事業まで六種に区分して、それぞれの業種に指定された割合を課税売上高に乗じて求めた金額の消費税額を納付すればよいという申告・納付の方法です。そのため、課税売上高のみを記録しておけば、消費税の申告や納付をすることができます。

ただし、この方法を選択したいときは、その課税期間が開始する日の前日までに、『消費税簡易課税制度選択届出書』を、税務署長に提出しておかなければなりません。

また、一度簡易課税制度の適用を受けたときは、２年間は継続適用しなければなりません。この足かせがありますので、判断を間違えると、逆効果になったりする可能性があります。

回答Ⅲのポイント③ ▶▶▶ 届出書

被相続人が提出していた課税事業者選択届出書、簡易課税選択届出書、課税期間特例選択等届出書などの届出書は、相続人の申告には何も影響を及ぼしません。

よって、事業を引き継いだ相続人が、これらの適用を受けたいときは、その適用を受けたいことに係る届出書を、適用を受けたい課税期間の開始の日の前日までに、税務署長に提出する必要があります。

なお、所得税の申告期限は翌年の３月15日ですが、個人事業者の消費税の申告期限は翌年の３月31日となります。

根拠条文等（一部抜粋）

○所得税法

●第57条《事業に専従する親族がある場合の必要経費の特例等》

2　その年分以後の各年分の所得税につき前項の規定（青色事業専従者）の適用を受けようとする居住者は、その年３月15日まで（その年１月16日以後新たに同項の事業を開始した場合には、その事業を開始した日から２月以内）に、青色事業専従者の氏名、その職務の内容及び給与の金額並びにその給与の支給期その他財務省令で定める事項を記載した書類を納税地の所轄税務署長に提出しなければならない。

●第144条《青色申告の承認の申請》

その年分以後の各年分の所得税につき前条の承認を受けようとする居住者は、その年３月15日まで（その年１月16日以後新たに同条に規定する業務を開始した場合には、その業務を開始した日から２月以内）に、当該業務に係る所得の種類その他財務省令で定める事項を記載した申請書を納税地の所轄税務署長に提出しなければならない。

●第148条《青色申告者の帳簿書類》

第143条《青色申告》の承認を受けている居住者は、財務省令で定めるところにより、同条に規定する業務につき帳簿書類を備え付けてこれに不動産所得の金額、事業所得の金額及び山林所得の金額に係る取引を記録し、かつ、当該帳簿書類を保存しなければならない。

●第216条《源泉徴収に係る所得税の納期の特例》

居住者に対し国内において第28条第１項《給与所得》に規定する給与等又は第30条第１項《退職所得》に規定する退職手当等の支払をする者は、当該支払をする者の事務所、事業所その他これらに準ずるものでその支払事務を取り扱うもの（給与等の支払を受ける者が常時10人未満であるものに限る。）につき、当該事務所等の所在地の所轄税務署長の承認を受けた場合には、１月から６月まで及び７月から12月までの各期間に当該事務所等において支払った給与等及び退職手当等について第２章から前章まで《給与所得等に係る源泉徴収》の規定により徴収した所得税の額を、これらの規定にかかわらず、１月から６月までの期間に係る給与等及び退職手当等について徴収した所得税の額にあっては当該期間の属する年の７月10日までに、７月から12月までの期間に係る給与等及び退職手当等について徴収した所得税の額にあっては当該期間の属する年の翌年１月20日までに国に納付することができる。

○所得税法施行規則

●第56条《青色申告者の備え付けるべき帳簿書類》

青色申告者は、法第148条第１項《青色申告者の帳簿書類》の規定により、その不動産所得、事業所得又は山林所得を生ずべき業務につき備え付ける帳簿書類については、次条から第64条まで《青色申告者の帳簿書類の備付け等》に定めるところによらなければならない。

ただし、当該帳簿書類については、次条から第59条まで《青色申告者の帳簿書類》、第61条《貸借対照表及び損益計算書》及び第64条《帳簿書類の記載事項等の省略又は変更》の規定に定めるところに代えて、財務大臣の定める簡易な記録の方法及び記載事項によることができる。

○国税通則法

●第74条の２《当該職員の所得税等に関する調査に係る質問検査権》

国税庁、国税局若しくは税務署又は税関の当該職員は、所得税、法人税、地方法人税又は消費税に関する調査について必要があるときは、次の各号に掲げる調査の区分に応じ、当該各号に定める者に質問し、その者の事業に関する帳簿書類その他の物件を検査し、又は当該物件の提示若しくは提出を求めることができる。

●第128条

次の各号のいずれかに該当する者は、１年以下の懲役又は50万円以下の罰金に処する。

二　第74条の２、第74条の３若しくは第74条の４から第74条の６まで《当該職員の質問検査権》の規定による当該職員の質問に対して答弁せず、若しくは偽りの答弁をし、又はこれらの規定による検査、採取、移動の禁止若しくは封かんの実施を拒み、妨げ、若しくは忌避した者

三　第74条の２から第74条の６までの規定による物件の提示又は提出の要求に対し、正当な理由がなくこれに応じず、又は偽りの記載若しくは記録をした帳簿書類その他の物件を提示し、若しくは提出した者

○消費税法

●第10条《相続があった場合の納税義務の免除の特例》

その年において相続があった場合において、その年の基準期間における課税売上高が1000万円以下である相続人が、当該基準期間における課税売上高が1000万円を超える被相続人の事業を承継したときは、当該相続人の当該相続のあった日の翌日からその年12月31日までの間における課税資産の譲渡等及び特定課税仕入れについては、第９条第１項本文の規定は、適用しない。

2　その年の前年又は前々年において相続により被相続人の事業を承継した相続人のその年の基準期間における課税売上高が1000万円以下である場合において、当該相続人の当該基準期間における課税売上高と当該相続に係る被相続人の当該基準期間における課税売上高との合計額が1000万円を超えるときは、当該相続人のその年における課税資産の譲渡等及び特定課税仕入れについては、第９条第１項本文の規定は、適用しない。

●第20条《個人事業者の納税地》

個人事業者の資産の譲渡等及び特定仕入れに係る消費税の納税地は、その個人事業者が次の各号に掲げる場合のいずれに該当するかに応じ当該各号に定める場所とする。

一　国内に住所を有する場合　その住所地

●第45条《課税資産の譲渡等及び特定課税仕入れについての確定申告》

事業者は、課税期間ごとに、当該課税期間の末日の翌日から２月以内に、

次に掲げる事項を記載した申告書を税務署長に提出しなければならない。

ただし、国内における課税資産の譲渡等及び特定課税仕入れがなく、かつ、第4号に掲げる消費税額がない課税期間については、この限りでない。

○租税特別措置法

●第86条の4《個人事業者に係る消費税の課税資産の譲渡等及び特定課税仕入れについての確定申告期限の特例》

消費税法第2条第1項第3号に規定する個人事業者のその年の12月31日の属する課税期間に係る同法第45条第1項の規定による申告書の提出期限は、同条第1項の規定にかかわらず、その年の翌年3月31日とする。

○消費税法基本通達

●1－5－3《被相続人の事業を承継したとき》

法第10条第1項《相続があった場合の納税義務の免除の特例》に規定する「被相続人の事業を承継したとき」とは、相続により被相続人の行っていた事業の全部又は一部を継続して行うため財産の全部又は一部を承継した場合をいう。

●13－1－3の2《相続があった場合の簡易課税制度選択届出書の効力等》

相続があった場合における法第37条第1項《中小事業者の仕入れに係る消費税額の控除の特例》の規定の適用は、次のようになるのであるから留意する。

(1) 被相続人が提出した簡易課税制度選択届出書の効力は、相続により当該被相続人の事業を承継した相続人には及ばない。

したがって、当該相続人が法第37条第1項の規定の適用を受けようとするときは、新たに簡易課税制度選択届出書を提出しなければならない。

column　相続の承認

被相続人が多額な債務を抱えて亡くなったとき、相続人は、相続を承認するか放棄するかの検討を行うことになります。もし、その検討を行っているときに、遺産の全部あるいは一部を処分してしまうと、その処分をした相続人は、その相続を単純承認したことになってしまいます。相続を承認することになるまでの間に遺産を処分するときは、注意が必要です。

なお、保存行為（現状の資産的価値を保つために必要として行われる修繕等の行為のこと）のための処分は、ここでいう遺産の処分からは除かれます。

(資料)

○民法

●第921条（法定単純承認）

次に掲げる場合には、相続人は、単純承認をしたものとみなす。

一　相続人が相続財産の全部又は一部を処分したとき。ただし、保存行為及び第602条《短期賃貸借》に定める期間を超えない賃貸をすることは、この限りでない。

15 土地の売却

相談の背景

父は、不動産の賃貸物件を仲介する事業を営んできましたが、高齢になったことから、私が父の仕事を手伝うようになりました。

父は、賃貸物件の仲介事業を専門としていましたが、私の代になってからは、賃貸物件の仲介だけでなく、戸建て売買の仲介や土地の開発・販売なども手がけていきたいと考えています。

相談Ⅰ

●土地を売却した日

土地の売買契約を締結したときに手付金をもらいますが、残金は買主の資金繰りの都合上、その2か月くらい後の日になります。土地を売却したことに係る収入の計上日は、いつになりますか。

回答Ⅰ

税務においては、売買の目的物を相手方に引き渡した日を、収益の計上日とすることになっています。土地の売買の場合であれば、所有権の移転登記に必要な書類を、売主が買主に引き渡した日を売買のあった日（＝収益の計上日）とします。

回答Ⅰのポイント1 ▶▶▶ 収益計上日の原則

土地を譲渡したときの収益計上日は、目的物である土地を買主に引き渡した日となりますが、この「土地を引き渡した日」とは、土地の所有権が移転した日のことです。

わが国では、不動産の所有者とは、不動産の登記簿に所有者として記載してある人のことをいいます。そのため、この所有権移転の登記を行うために必要な書類を、売主が買主に渡した日をもって、その土地を引き渡した日、つまり売却した日とするのが原則となります。

回答Ⅰのポイント2 ▶▶▶ 契約の効力発生日

土地の売買契約書に、この契約は一定の日をもって契約の効力が生じる旨の定めが設けられているときは、契約の目的物を引き渡す日まで待つことなく、その契約の効力が発生する日をもって、収益計上日とすることができます。

回答Ⅰのポイント3 ▶▶▶ 代金入金日

土地を売却したときの収益計上日は、土地を買主に引き渡した日か、その契約の効力発生日のいずれかの日となります。

しかし、これらの日よりも早い日において、土地の売却代金の全額を受け取ってしまっているときは、その代金を受け取った日が、収益計上日となります。

相談Ⅱ

●不動産業者が土地を売却しても事業所得に当たらないケース

不動産の仕入販売が主たる業務ですが、棚卸資産として仕入れた土地を売却したときの所得が、事業所得にならない場合があるのですか。

回答Ⅱ

棚卸資産としての土地であっても、極めて長期間所有していた土地を売却したときの所得は、譲渡所得に該当します。

回答Ⅱのポイント1 ▶▶▶ 原則的取扱い

通常、個人が所有している土地を売却したときの所得は、譲渡所得に該当します。

しかし、土地が棚卸資産であるときや、土地を開発するなどして売却したときの所得は、譲渡所得ではなく事業所得に該当します。

なお、上記の条件を満たすときであっても、土地の売却が単発的な事業であったり、その規模や面積も小さいようなときは、事業所得ではなく雑所得になります。

回答Ⅱのポイント2 ▶▶▶ 長期間所有していた土地

土地の売買を業としている事業者が所有している土地（販売を目的として購入した棚卸資産としての土地を除きます。）であっても、極めて長期間所有していた土地を売却したときの所得は、事業所得ではなく譲渡所得に該当します。

なお、この「極めて長期間」とは、おおむね10年以上の期間のことをいいます。

回答Ⅱのポイント3 ▶▶▶ 土地の区画や形質を変えた場合

土地の区画や形質を変更し、あるいは、水道やガス等の施設を敷設したり建物を建設するなどして、土地を開発等してから売却した場合、その売却は、棚卸資産に準ずる資産を売却したとみなされることになります。そのため、このような売却による所得は、事業所得に該当することになります。

ただし、その開発行為が限定的であったり規模が小さいなどの場合は、雑所得となります。

相談Ⅲ

●土地を売却したときの譲渡費用

貸家の敷地を売却するために、賃貸借契約を終了させて、賃借人を退室させてから、その敷地を売却する予定です。このようなときは、支払った費用のうち、どこまでが譲渡費用になりますか。

回答Ⅲ

土地を売却するために、賃借人へ支払った退去のための立退料なども含めた、土地を売却するために要した全ての費用が、譲渡費用となります。

回答Ⅲのポイント1 ▶▶▶ 譲渡費用の範囲

土地や建物を売却したときの譲渡費用とは、仲介手数料や売買契約書に貼付した収入印紙代など、土地や建物を売却するために必要であるとして支払った、全ての費用のことをいいます。

回答Ⅲのポイント2 ▶▶▶ 取壊費用等

貸家が建っている敷地を売却する際に、貸家の賃借人を退出させるために支払った立退料や、その建物の取壊費用及び取り壊したことによる建物の損失なども、譲渡費用に含まれることになります。

なお、所得税法は、減価償却費を強制償却するとしていますので、建物を取り壊したことによる損失の金額は、その年の不動産所得の金額の計算において、賃借人が退出したときまでの期間に係る当該建物の減価償却費を必要経費に計上して、その償却費を控除した当該建物の未償却残高が、その損失額になります。

回答Ⅲのポイント③ ▶▶▶ 違約金

売買契約を締結した後になってから、より有利な条件を提示してくれた人が現れた場合などは、違約金を支払って現在の契約を解約し、新たな人と売買契約を締結し直すことがあります。このような場合、旧契約を解約するために違約金を支払いますが、その違約金も譲渡費用に該当します。

根拠条文等（一部抜粋）

○所得税法

●第33条《譲渡所得》

2　次に掲げる所得は、譲渡所得に含まれないものとする。

一　たな卸資産（これに準ずる資産として政令で定めるもの（少額減価償却資産など）を含む。）の譲渡その他営利を目的として継続的に行なわれる資産の譲渡による所得

●第37条《必要経費》

その年分の不動産所得の金額、事業所得の金額又は雑所得の金額の計算上必要経費に算入すべき金額は、別段の定めがあるものを除き、これらの所得の総収入金額に係る売上原価その他当該総収入金額を得るため直接に要した費用の額及びその年における販売費、一般管理費その他これらの所得を生ずべき業務について生じた費用（償却費以外の費用でその年において債務の確定しないものを除く。）の額とする。

○所得税基本通達

●36－12《山林所得又は譲渡所得の総収入金額の収入すべき時期》

山林所得又は譲渡所得の総収入金額の収入すべき時期は、山林所得又は譲渡所得の基因となる資産の引渡しがあった日によるものとする。

ただし、納税者の選択により、当該資産の譲渡に関する契約の効力発生の日により総収入金額に算入して申告があったときは、これを認める。

（注１）　山林所得又は譲渡所得の総収入金額の収入すべき時期は、資産の譲渡の当事者間で行われる当該資産に係る支配の移転の事実（例えば、土地の譲渡の場合における所有権移転登記に必要な書類等の交付）に基づいて判定をした当該資産の引渡しがあった日によるのであるが、

当該収入すべき時期は、原則として譲渡代金の決済を了した日より後にはならないのであるから留意する。

●33－３《極めて長期間保有していた不動産の譲渡による所得》

固定資産である不動産の譲渡による所得であっても、当該不動産を相当の期間にわたり継続して譲渡している者の当該不動産の譲渡による所得は、法第33条第２項第１号に掲げる所得に該当し、譲渡所得には含まれないが、極めて長期間（おおむね10年以上をいう。以下33－５において同じ。）引き続き所有していた不動産（販売の目的で取得したものを除く。）の譲渡による所得は、譲渡所得に該当するものとする。

●33－４《固定資産である土地に区画形質の変更等を加えて譲渡した場合の所得》

固定資産である林地その他の土地に区画形質の変更を加え若しくは水道その他の施設を設け宅地等として譲渡した場合又は固定資産である土地に建物を建設して譲渡した場合には、当該譲渡による所得は棚卸資産又は雑所得の基因となる棚卸資産に準ずる資産の譲渡による所得として、その全部が事業所得又は雑所得に該当する。

（注）　固定資産である土地につき区画形質の変更又は水道その他の施設の設置を行った場合であっても、次のいずれかに該当するときは、当該土地は、なお固定資産に該当するものとして差し支えない。

1　区画形質の変更又は水道その他の施設の設置に係る土地の面積（当該土地の所有者が２以上いる場合には、その合計面積）が小規模（おおむね3,000㎡以下をいう。）であるとき。

2　区画形質の変更又は水道その他の施設の設置が土地区画整理法、土地改良法等法律の規定に基づいて行われたものであるとき。

●33－７《譲渡費用の範囲》

法第33条第３項に規定する「資産の譲渡に要した費用」とは、資産の譲渡に係る次に掲げる費用（取得費とされるものを除く。）をいう。

⑴　資産の譲渡に際して支出した仲介手数料、運搬費、登記若しくは登録に要する費用その他当該譲渡のために直接要した費用

⑵　⑴に掲げる費用のほか、借家人等を立ち退かせるための立退料、土地（借地権を含む。）を譲渡するためその土地の上にある建物等の取壊しに要した費用、既に売買契約を締結している資産を更に有利な条件で他に譲渡するため当該契約を解除したことに伴い支出する違約金その他当該資産の譲渡価額を増加させるため当該譲渡に際して支出した費用

（注）　譲渡資産の修繕費、固定資産税その他その資産の維持又は管理に要した費用は、譲渡費用に含まれないことに留意する。

●33－８《資産の譲渡に関連する資産損失》

土地の譲渡に際しその土地の上にある建物等を取壊し、又は除却したよう

な場合において、その取壊し又は除却が当該譲渡のために行われたものであることが明らかであるときは、当該取壊し又は除却の時において当該資産につき令第142条《必要経費に算入される資産損失の金額》又は第143条《昭和27年12月31日以前に取得した資産の損失の金額の特例》の規定に準じて計算した金額（発生資材がある場合には、その発生資材の価額を控除した残額）に相当する金額は、当該譲渡に係る譲渡費用とする。

column　土地の取得費

売却した土地の取得価額がわからないとき、売却した土地の譲渡所得の金額を求める計算において取得費は、その土地の昭和28年１月１日現在の相続税評価額の金額とします。ただし、その取得価額とされた金額が、当該譲渡対価の５％相当額に満たないときは、５％相当額を取得価額とすることができます。

しかし、明からにこのような低い金額ではない場合には、一般財団法人日本不動産研究所が発行している「市街地価格指数・全国木造建築指数」に掲載されている指数により取得価額を求める方法があります。

(資料)

○所得税法

●第61条２項《昭和27年12月31日以前に取得した資産の取得費等》

譲渡所得の基因となる資産（次項及び第４項に規定する資産を除く。）が昭和27年12月31日以前から引き続き所有していた資産である場合には、その資産に係る譲渡所得の金額の計算上控除する取得費は、その資産の昭和28年１月１日における価額として政令で定めるところにより計算した金額（当該金額がその資産の取得に要した金額と同日前に支出した設備費及び改良費の額との合計額に満たないことが証明された場合には、当該合計額）とその資産につき同日以後に支出した設備費及び改良費の額との合計額とする。

○租税特別措置法

●第31条の４《長期譲渡所得の概算取得費控除》

個人が昭和27年12月31日以前から引き続き所有していた土地等又は建物等を譲渡した場合における長期譲渡所得の金額の計算上収入金額から控除する取得費は、所得税法第38条及び第61条の規定にかかわらず、当該収入金額の100分の５に相当する金額とする。ただし、当該金額がそれぞれ次の各号に掲げる金額に満たないことが証明された場合には、当該各号に掲げる金額とする。

一　その土地等の取得に要した金額と改良費の額との合計額

二　その建物等の取得に要した金額と設備費及び改良費の額との合計額につき所得税法第38条第２項の規定を適用した場合に同項の規定

により取得費とされる金額

○租税特別措置法基本通達

●31の４－１《昭和28年以後に取得した資産についての適用》

措置法第31条の４第１項の規定は、昭和27年12月31日以前から引き続き所有していた土地建物等の譲渡所得の金額の計算につき適用されるのであるが、昭和28年１月１日以後に取得した土地建物等の取得費についても、同項の規定に準じて計算して差し支えないものとする。

16 海外渡航費

相談の背景

私は、国内で調達した商品を、海外へ輸出する事業を営んでいます。そのため、販売先は全て海外の企業となります。

このようなことから、私の事業所の使用人は、海外へ行く機会が頻繁にあります。多くは仕事として行くのですが、イベントの参加や厚生事業として渡航するときもあります。

相談Ⅰ

●必要経費となる同伴者の渡航費用の範囲

海外の得意先と打ち合わせするために渡航するのですが、現地企業が開催するレセプションなどにも参加します。そして、そのレセプションは夫婦同伴のため、妻も同行しますが、妻の渡航費用はどのような取扱いとなりますか。

回答Ⅰ

同伴者を伴うことが旅行の目的達成に必要であるときは、同伴者の費用も必要経費に計上することができます。

回答Ⅰのポイント1 ▶▶▶ 同伴者の費用

海外へ渡航する際に、家族や親族などを同伴する場合であっても、その人達を同伴することが、現地で業務を遂行する際に必要であると認められる場合であれば、その同伴者に係る渡航費用を必要経費に算入することができます。

回答Ⅰのポイント2 ▶▶▶ 目的達成に必要

同伴者を伴い海外に渡航するとき、その同伴者が通訳であったり、レセプション等へ共に出席しなければならない配偶者であるような人のときは、これらの人を同伴することは、その海外渡航の目的を達成するために必要であると認められます。このようなときは、同伴することに関して通常必要と認められる費用については、必要経費に計上することができます。

回答Ⅰのポイント3 ▶▶▶ 事業に直接必要のない旅行

現地において、事業の遂行に直接必要でない旅行を併せて行った場合の渡航費用については、合理的と認められる基準により、旅行費用を「事業に必要な部分」と「必要でない部分」とに按分して、事業に必要な部分については、同伴者に係る費用も含めて、必要経費に計上することができます。

ただし、旅行に行く目的が、取引先との打ち合わせや契約の締結などであるときは、その往復の旅費は、全額事業に直接必要な部分として認められます。

相談Ⅱ

●海外への慰安旅行

業績が好調なので慰安旅行は海外に行くことにしたのですが、海外旅行であっても、その費用は福利厚生費となりますか。

回答Ⅱ

現地4泊5日以内であり、全従業員の半数以上の人が参加しているのであれば、その費用は福利厚生費になります。

回答Ⅱのポイント1 ▶▶▶ レクリエーション

使用人のための厚生事業として行われる会食、旅行、観劇などに参加した人が受けた経済的利益は、役員など特定の人だけを対象として行われたものでなければ、その利益について課税しなくて差し支えないとされています。

ただし、参加しなかった人に対して金銭を支給するときの、その支給した金銭については、その人への給与として扱われます。

回答Ⅱのポイント2 ▶▶▶ 厚生事業か否かの判断

従業員旅行が、厚生事業として行われた旅行であるか否かの判断は、その旅行の企画立案、旅行の目的、規模、行程、従業員の参加人数や費用の金額などを総合的に勘案して判断することになります。

ただし、厚生事業としての旅行として認められるためには、その旅行が、社会通念上、一般的に行われている従業員旅行として認められる旅行であることが必要です。

回答Ⅱのポイント3 ▶▶▶ 海外旅行

従業員旅行の行き先が海外であっても、現地４泊５日以内であり、全従業員の半数以上の人が参加しており、その旅行が社会通念上、従業員旅行として認められるものであれば、その海外旅行に関して要した費用を、福利厚生費として必要経費に計上することができます。

相談Ⅲ

●旅行の目的

商品開発部門の従業員が、現地の状況などの情報収集のため、海外の施設などを視察しに行くのですが、渡航費用は必要経費になりますか。

回答Ⅲ

事業の遂行上、その旅行が必要なものであれば、旅行費用は必要経費になります。

回答Ⅲのポイント1 ▶▶▶ 研修旅行

事業を遂行していく上において必要となる技術や知識、現地の慣習や事情などを、従業員に習得させることを目的として行われる旅行は、研修させることが目的であると認められますので、このような旅行に係る費用は、必要経費に計上することができます。

回答Ⅲのポイント2 ▶▶▶ 観光目的とされる旅行

事業遂行の一環として行われる旅行であっても、次に掲げる旅行は、原則として事業の遂行上、直接必要な海外旅行には当たらないとされてます。

i　観光渡航の許可を得て行われる旅行

ii　旅行斡旋業者が行う団体旅行に応募して行われる旅行

iii　同業者団体などが主催して行われる団体旅行で、主として観光目的と認められる旅行

回答Ⅲのポイント3 ▶▶▶ 明確でない旅行

事業を遂行していく上で、必要な旅行であるか否かの判断については、その旅行期間の概ね全期間を通じて、事業の遂行上直接必要であると認められる旅行であり、その旅行費用のうち、必要経費に該当する部分について、社会通念上、合理的といえる基準により計算されており、その金額についても、不当に多額ではないと認められるときは、

その旅行は事業に必要な旅行であると判断されます。

そして、このような旅行に掛かる費用については、事業に必要と認められる部分の金額が、旅費として必要経費に計上されることになります。

根拠条文等（一部抜粋）

○所得税基本通達

●36－30《課税しない経済的利益……使用者が負担するレクリエーションの費用》

使用者が役員又は使用人のレクリエーションのために社会通念上一般的に行われていると認められる会食、旅行、演芸会、運動会等の行事の費用を負担することにより、これらの行事に参加した役員又は使用人が受ける経済的利益については、使用者が、当該行事に参加しなかった役員又は使用人（使用者の業務の必要に基づき参加できなかった者を除く。）に対しその参加に代えて金銭を支給する場合又は役員だけを対象として当該行事の費用を負担する場合を除き、課税しなくて差し支えない。

（注）　上記の行事に参加しなかった者（使用者の業務の必要に基づき参加できなかった者を含む。）に支給する金銭については、給与等として課税することに留意する。

●37－16《事業を営む者等の海外渡航費》

事業を営む者が自己の海外渡航に際して支出する費用は、その海外渡航が当該事業の遂行上直接必要であると認められる場合に限り、その海外渡航のための交通機関の利用、宿泊等の費用（家事上の経費に属するものを除く。）に充てられたと認められる部分の金額を必要経費に算入するものとする。

なお、事業を営む者と生計を一にする親族で法第57条第１項又は第３項《事業に専従する親族がある場合の必要経費の特例等》の規定の適用を受けないものの海外渡航のために事業を営む者が支出した費用又は支給した旅費についても、これに準ずる。

●37－18《旅行期間のおおむね全期間を通じて事業の遂行上直接必要と認められる場合》

37－16又は37－17の場合において、その海外渡航が旅行期間のおおむね全期間を通じ明らかに当該事業の遂行上直接必要であると認められるものであるときは、その海外渡航のためにその事業を営む者が支出した費用又は支給した旅費については、社会通念上合理的な基準によって計算されているなど不当に多額でないと認められる限り、その全額を旅費として必要経費に算入することができる。

●37－19《事業の遂行上直接必要な海外渡航の判定》

事業を営む者又はその使用人（事業を営む者と生計を一にする親族を含む。以下37－22までにおいて同じ。）の海外渡航が当該事業の遂行上直接必要なものであるかどうかは、その旅行の目的、旅行先、旅行経路、旅行期間等を総合勘案して実質的に判定するものとするが、次に掲げる旅行は、原則として、当該事業の遂行上直接必要な海外渡航に該当しないものとする。

(1) 観光渡航の許可を得て行う旅行
(2) 旅行あっせんを行う者等が行う団体旅行に応募してする旅行
(3) 同業者団体その他これに準ずる団体が主催して行う団体旅行で主として観光目的と認められるもの

●37－20《同伴者の旅費》

事業を営む者が当該事業の遂行上直接必要と認められる海外渡航に際し、その親族又はその事業に常時従事していない者を同伴した場合において支出したその同伴者に係る費用は、必要経費に算入しないものとする。ただし、その同伴が、例えば、次に掲げる場合のように、明らかにその海外渡航の目的を達するために必要な同伴と認められるときのその旅行について通常必要と認められる費用は、この限りでない。

(1) 自己が常時補佐を必要とする身体障害者であるため、補佐人を同伴する場合
(2) 国際会議への出席等のために配偶者を同伴する必要がある場合
(3) その旅行の目的を遂行するため外国語にたんのうな者又は高度の専門的知識を有する者を必要とするような場合に、使用人のうちに適任者がいないため、自己の親族又は臨時に委嘱した者を同伴する場合

●37－21《事業の遂行上直接必要と認められる旅行と認められない旅行とを併せて行った場合》

事業を営む者又はその使用人が海外渡航をした場合において、その海外渡航の旅行期間にわたり当該事業の遂行上直接必要と認められる旅行と認められない旅行とを併せて行ったものであるときは、その海外渡航に際して支出した費用又は支給した旅費を当該事業の遂行上直接必要と認められる旅行の期間と認められない旅行の期間との比等によってあん分し、当該事業の遂行上直接必要と認められる旅行に係る部分の金額は、旅費として必要経費に算入する。ただし、海外渡航の直接の動機が特定の取引先との商談、契約の締結等当該事業の遂行のためであり、その海外渡航を機会に観光を併せて行ったものである場合には、その往復の旅費（当該取引先の所在地等その事業を遂行する場所までのものに限る。）は当該事業の遂行上直接必要と認められる旅費として必要経費に算入し、その海外渡航に際して支出した費用又は支給した旅費の額から当該往復の旅費を控除した残額につき本文の取扱いを適

用する。

（注）　使用人に支給した旅費のうち、旅費として必要経費に算入されない金額については、37－17の（注）参照

●37－22《事業の遂行上直接必要と認められない海外渡航の旅費の特例》

事業を営む者又はその使用人の海外渡航が37－19に掲げる旅行に該当する場合であっても、その海外渡航の旅行期間内における旅行先、その仕事の内容等からみて、当該事業にとって直接関連があるものがあると認められるときは、その海外渡航に際し支出した費用又は支給した旅費のうち、当該事業に直接関連のある部分の旅行について直接要した部分の金額は、旅費として必要経費に算入する。

○個別通達

●所得税基本通達36－30《課税しない経済的利益……使用者が負担するレクリエーションの費用》の運用について（法令解釈通達）（昭和63年５月25日直法６－９（例規）、直所３－13／平成元年３月10日直法６－２（例規）、直所３－３により改正／平成５年５月31日課法８－１（例規）、課所４－５により改正）

使用者が、従業員等のレクリエーションのために行う旅行の費用を負担することにより、これらの旅行に参加した従業員等が受ける経済的利益については、当該旅行の企画立案、主催者、旅行の目的・規模・行程、従業員等の参加割合・使用者及び参加従業員等の負担額及び負担割合などを総合的に勘案して実態に即した処理を行うこととするが、次のいずれの要件も満たしている場合には、原則として課税しなくて差し支えないものとする。

⑴　当該旅行に要する期間が４泊５日（目的地が海外の場合には、目的地における滞在日数による。）以内のものであること。

⑵　当該旅行に参加する従業員等の数が全従業員等（工場、支店等で行う場合には、当該工場、支店等の従業員等）の50％以上であること。

column 渡航費用

海外渡航に、業務に関連する日程と関連しない日程とが含まれている場合、その日程等の比により、業務上の費用は旅費として、それ以外の費用は給与（賞与）として費用に計上します。

なお、その渡航の直接の目的が、取引先との商談など事業に必要なものであるときは、往復の旅費は全額旅費に計上することができます。

(資料)

○所得税基本通達

●37－21《事業の遂行上直接必要と認められる旅行と認められない旅行とを併せて行った場合》

事業を営む者又はその使用人が海外渡航をした場合において、その海外渡航の旅行期間にわたり当該事業の遂行上直接必要と認められる旅行と認められない旅行とを併せて行ったものであるときは、その海外渡航に際して支出した費用又は支給した旅費を当該事業の遂行上直接必要と認められる旅行の期間と認められない旅行の期間との比等によってあん分し、当該事業の遂行上直接必要と認められる旅行に係る部分の金額は、旅費として必要経費に算入する。ただし、海外渡航の直接の動機が特定の取引先との商談、契約の締結等当該事業の遂行のためであり、その海外渡航を機会に観光を併せて行ったものである場合には、その往復の旅費（当該取引先の所在地等その事業を遂行する場所までのものに限る。）は当該事業の遂行上直接必要と認められる旅費として必要経費に算入し、その海外渡航に際して支出した費用又は支給した旅費の額から当該往復の旅費を控除した残額につき本文の取扱いを適用する。

（注）　使用人に支給した旅費のうち、旅費として必要経費に算入されない金額については、37－17の（注）参照

17 立退料

相談の背景

賃貸に出している倉庫の経年劣化が著しくなってきたことから、地震や台風などの災害に備えるため、この倉庫を建て替えることにしました。

建替えに際して、現在の賃借人には立退料を支払い、契約を解除して立ち退いてもらうことになります。

新しく建てた倉庫は、引き続き賃貸に出そうと考えています。

●立退料

相談Ⅰ

賃貸している倉庫建物の経年劣化が著しくなってきたので、賃借人には立退料を支払って立ち退いてもらい、倉庫を建て替えることにしました。

立退料は必要経費になりますか。

回答Ⅰ

賃借人へ支払う立退料は、原則として不動産所得の必要経費に計上することができます。

ただし、建物を建て替えるために支払う立退料は、新築された建物の取得費になることもあるなど、全ての立退料が必要経費となるわけでないことに、注意する必要があります。

回答Ⅰのポイント1 ▶▶▶ 必要経費

倉庫を賃借している人との賃貸借契約を解約して退出してもらうときに支払う立退料は、原則として、その賃貸用倉庫に係る不動産所得の金額の計算において、必要経費に計上することができます。

ただし、賃借人との賃貸借契約を解除する際に支払う立退料であっても、賃借人が設置した造作物などを買い取る部分の金額は、立退料ではなく、資産の購入費用となります。

回答Ⅰのポイント[2] ▶▶▶ 更地にして土地を売却する

賃貸用倉庫を取り壊して更地とし、その更地を売却するために賃借人に支払う立退料は、不動産所得の必要経費に計上するのではなく、その土地を売却したときの譲渡所得の計算において、譲渡費用として取り扱います。

回答Ⅰのポイント[3] ▶▶▶ 支払を受けた立退料

事業で使用していた店舗や事務所などを立ち退く際に支払を受けた立退料は、その事業の休業補償や引っ越しなどの必要経費を補填する性格を持っていますので、その事業の収入金額となります。

ただし、事業以外で使用していた借家を立ち退く際に支払を受けた立退料は、一時所得の収入金額となります。

なお、借家権が賃借人の権利として認められている地域における立退料は、借家権の消滅に対する対価に該当しますので、譲渡所得の収入金額となります。

相談Ⅱ

●建物の取壊費用

賃貸用倉庫を建て替えることにしたのですが、この倉庫の取壊費用は、どのような取扱いとなりますか。

回答Ⅱ

賃貸用倉庫を建て替えるために取り壊すための費用は、不動産所得の必要経費に計上することができます。

回答Ⅱのポイント[1] ▶▶▶ 賃貸用倉庫の建替え

賃貸用倉庫の経年劣化が激しくなってきたなどの理由により倉庫を新しく建て替えるときは、旧倉庫を取り壊します。このようなときの取壊費用は、その倉庫に係る不動産所得の金額の計算において、必要経費に計上することができます。

ただし、その倉庫の貸付けが、事業に至らない業務的規模であった場合の取壊日現在におけるその倉庫の未償却残高は、その不動産所得の金額を限度として、必要経費に計上することになります。

回答Ⅱのポイント[2] ▶▶▶ 不動産貸付業を廃業するとき

事業で使用している倉庫の取壊費用は、不動産所得の金額の計算において必要経費に計上することができます。

なお、不動産貸付業を廃業して、自宅を建てるなどのために倉庫を取り壊すときの取壊費用は、原則として、家事費となることに注意する必要があります。

回答Ⅱのポイント[3] ▶▶▶ 土地付き建物を取得したときの取壊費用

倉庫を建築するために取得した土地に建物があり、その建物を取り壊したとき、この取壊しに関して要した費用は、倉庫を建築するために必要な土地を取得するための費用となりますので、その土地の取得費となります。

相談Ⅲ

●不動産所得の金額

賃貸用倉庫を建て替えるときの不動産所得の金額の計算において、建物に係る取扱いで注意することはありますか。

回答Ⅲ

取り壊す倉庫の損失額や、新しく建てる建物の取得費について、注意すべきことがあります。

回答Ⅲのポイント1 ▶▶▶ 取り壊す倉庫の未償却残高

所得税法は、減価償却費は強制計上を採用していますので、取壊しとなる賃貸用倉庫の減価償却費は、賃貸していた時点まで償却して、不動産所得の金額を計算する際に、その求めた減価償却費を必要経費に計上することになります。

そして、その償却費を控除した未償却残高が、その建物の取壊しによる損失額となります。

回答Ⅲのポイント2 ▶▶▶ 純損失の繰越し

建物を取り壊したことなどにより多額な損失が発生してその年の合計所得金額が損失になったとき、青色申告をしていれば、その年の損失は翌年以後3年間にわたり繰り越す純損失の繰越控除の適用を受けることができます。

回答Ⅲのポイント3 ▶▶▶ 新築建物の建設資金としての借入利息

新しく建築する建物の建設資金を借入金によるとき、その建物が稼働するまでの期間に係る借入利息は、不動産所得の金額の計算において、必要経費に計上することができます。

ただし、賃貸物件が現在建築中の建物だけの場合は、建築期間中は不動産収入が発生しません。そのような場合の建物が稼働するまでの期間に係る借入利息は、新築建物の取得価額に含めることになります。

根拠条文等（一部抜粋）

○所得税法

●第51条《資産損失の必要経費算入》

居住者の営む不動産所得、事業所得又は山林所得を生ずべき事業の用に供される固定資産その他これに準ずる資産で政令で定めるものについて、取りこわし、除却、滅失その他の事由により生じた損失の金額（保険金、損害賠償金その他これらに類するものにより補てんされる部分の金額及び資産の譲渡により又はこれに関連して生じたものを除く。）は、その者のその損失の生じた日の属する年分の不動産所得の金額、事業所得の金額又は山林所得の金額の計算上、必要経費に算入する。

4　居住者の不動産所得若しくは雑所得を生ずべき業務の用に供され又はこれらの所得の基因となる資産の損失の金額は、それぞれ、その者のその損失の生じた日の属する年分の不動産所得の金額又は雑所得の金額を限度として、当該年分の不動産所得の金額又は雑所得の金額の計算上、必要経費に算入する。

●第70条《純損失の繰越控除》

確定申告書を提出する居住者のその年の前年以前３年内の各年（その年分の所得税につき青色申告書を提出している年に限る。）において生じた純損失の金額がある場合には、当該純損失の金額に相当する金額は、政令で定めるところにより、当該確定申告書に係る年分の総所得金額、退職所得金額又は山林所得金額の計算上控除する。

○所得税基本通達

●33－６《借家人が受ける立退料》

借家人が賃貸借の目的とされている家屋の立退きに際し受けるいわゆる立退料のうち、借家権の消滅の対価の額に相当する部分の金額は、令第95条《譲渡所得の収入金額とされる補償金等》に規定する譲渡所得に係る収入金額に該当する。

●34－１《一時所得の例示》

次に掲げるようなものに係る所得は、一時所得に該当する。

(7)　借家人が賃貸借の目的とされている家屋の立退きに際し受けるいわゆる立退料（その立退きに伴う業務の休止等により減少することとなる借家人の収入金額又は業務の休止期間中に使用人に支払う給与等借家人の各種所得の金額の計算上必要経費に算入される金額を補填するための金額及び令

第95条《譲渡所得の収入金額とされる補償金等》に規定する譲渡所得に係る収入金額に該当する部分の金額を除く。)

(注1) 収入金額又は必要経費に算入される金額を補填するための金額は、その業務に係る各種所得の金額の計算上総収入金額に算入される。

●38－1《土地等と共に取得した建物等の取壊し費用等》

自己の有する土地の上に存する借地人の建物等を取得した場合又は建物等の存する土地をその建物等と共に取得した場合において、その取得後おおむね1年以内に当該建物等の取壊しに着手するなど、その取得が当初からその建物等を取壊して土地を利用する目的であることが明らかであると認められるときは、当該建物等の取得に要した金額及び取壊しに要した費用の額の合計額(発生資材がある場合には、その発生資材の価額を控除した残額)は、当該土地の取得費に算入する。

column　災害による取壊し

災害が発生したことからその年の合計所得金額が損失になっとき、白色申告者であっても、被災事業資産に係る損失については、翌年以降3年間の所得から控除する繰越控除の適用を受けることができます。

なお、この損失とは資産に生じた損失だけでなく、その後片付け費用など、被災したことによりやむを得ず支出した費用も含まれますが、保険金等により補填された損失は含まれません。

ただし、その損失が生じた年からその損失を控除する年まで、連続して確定申告書を提出する等、一定の要件があることに注意する必要があります。

(資料)

○所得税法

●第70条《純損失の繰越控除》

2　確定申告書を提出する居住者のその年の前年以前3年内の各年において生じた純損失の金額（前項の規定の適用を受けるもの及び第142条第2項の規定により還付を受けるべき金額の計算の基礎となったものを除く。）のうち、当該各年において生じた次に掲げる損失の金額に係るもので政令で定めるものがあるときは、当該政令で定める純損失の金額に相当する金額は、政令で定めるところにより、当該申告書に係る年分の総所得金額、退職所得金額又は山林所得金額の計算上控除する。

一　変動所得の金額の計算上生じた損失の金額

二　被災事業用資産の損失の金額

3　前項第2号に掲げる被災事業用資産の損失の金額とは、棚卸資産又は第51条第1項若しくは第3項《資産損失の必要経費算入》に規定する資産の災害による損失の金額（その災害に関連するやむを得ない支出で政令で定めるものの金額を含むものとし、保険金、損害賠償金その他これらに類するものにより補填される部分の金額を除く。）で前項第1号に掲げる損失の金額に該当しないものをいう。

4　第1項又は第2項の規定は、これらの規定に規定する居住者が純損失の金額が生じた年分の所得税につき確定申告書を提出し、かつ、それぞれその後において連続して確定申告書を提出している場合に限り、適用する。

18 支給を受けた年金と確定申告

相談の背景

夫は、今年65歳になるので会社を定年で退職して、年金の支給を受けることになりました。また、年金は、夫が死亡した後、直接私に支給されるとのことです。

年金にはどのような税金が課されるのか、その申告はどのようにして行うのか等、不安ばかりです。

相談Ⅰ

●申告が不要な年金収入

厚生年金の支給を受けることになるのですが、税金はどのように申告したらよいのでしょうか。

回答Ⅰ

厚生年金や国民年金などの公的年金は、支給を受ける際に所得税などが源泉徴収されますので、年金以外に収入がなければ、原則として、その年金について確定申告する必要はありません。

回答Ⅰのポイント1 ▶▶▶ 他の収入が20万円以下

支給を受けている公的年金が400万円以下の人で、その年金収入以外にも課税される収入がある場合であっても、その年金以外の収入が年間で20万円以下である人は、その年の収入について、確定申告する必要はありません。

ただし、医療費控除等の所得控除額の追加計上がある場合は、確定申告をすると税金が還付されてくる場合があります。

回答Ⅰのポイント2 ▶▶▶ 外国の年金

外国の法令に基づく共済に関する制度などにより支給を受ける年金のうち、日本の公的年金と同じ扱いを受ける年金であっても、この外国の年金は、日本において所得税などの源泉徴収が行われていません。

このことから、年金収入が400万円以下である人が、確定申告は不要であるか否かの判断をするとき、この外国の年金収入は、公的年金以外の収入として判断することになります。

回答Ⅰのポイント3 ▶▶▶ 障害者の年金

障害者が支給を受ける障害者基礎年金は非課税所得と定められていますので、障害者基礎年金は、収入金額の多寡にかかわらず、確定申告する必要はありません。

ただし、障害者が支給を受ける年金であっても、年金の受給者が65歳以上になり支給を受けることとなる老齢基礎年金や付加年金は、非課税所得と定められていないため、所得税などの申告をしなければならない場合があります。

相談Ⅱ

●年金収入を申告する

年金収入を申告した方がよい場合があると聞きました。申告した方がよい場合とは、どのようなときですか。

回答Ⅱ

年金収入を申告する必要のないときであっても、申告すれば、年金が支給される際に源泉徴収された税額の還付が受けられるときがあります。そのようなときは、申告した方が有利となります。

回答Ⅱのポイント1 ▶▶▶ 未適用の所得控除

年金は給与と違って、年末調整が行われません。そのため、金融機関の窓口で納付した社会保険料などがあるときや生命保険料控除が受けられるとき、あるいは医療費控除の適用が受けられるときは、確定申告書にこれらを記載して申告することにより、年金が支払われるときに源泉徴収された税額の還付を受けることができます。

ただし、源泉徴収された税額が還付されるのですから、還付される金額は、源泉徴収された金額が限度となります。

回答Ⅱのポイント2 ▶▶▶ 年金以外の収入

年金を2か所から支給を受けている、あるいは年金以外にも課税収入があるなどのため、確定申告書を税務署に提出する場合は、原則として、その年の全ての収入を申告書に計上することになります。

そのため、400万円以下の年金収入で申告しないでよいとされた年金であっても、提出する確定申告書に記載する必要があります。

回答Ⅱのポイント3 ▶▶▶ 年金所得の計算

年金所得の計算は、公的年金と保険会社などから支払われる私的年金を、それぞれ別々にして所得金額を計算します。

なお、公的年金は全ての年金収入を合計して、年金所得の金額を求めますが、私的年金は、それぞれの年金毎に所得金額を計算し、最後にそれらの所得金額を合計して、年金所得金額を求めます。公的年金と私的年金とでは、所得金額の計算方法が異なることに注意が必要です。

相談Ⅲ

●死亡した人の年金

先日夫が亡くなりました。夫が支給を受けていた年金は、どのように申告するのですか。

回答Ⅲ

被相続人の死亡年分の収入については、相続人が被相続人に代わって、被相続人の死亡後４月以内に、準確定申告書により、所得税などの申告をすることになります。

ただし、死亡後に、家族が支給を受けた年金は、その支給を受けた人の所得として申告することになります。

回答Ⅲのポイント① ▶▶▶ 最後の公的年金

年金の受給者が死亡したとき、死亡した後、最初に支給を受ける公的年金は、その支給を受けた人の所得となります。死亡した人の準確定申告に計上する公的年金は、被相続人が生前に支給を受けた年金だけとなります。

なお、この死亡後、最初に支給を受けた公的年金は、その年金の支給を受けた人の一時所得の収入となります。そのため、その支給を受けた人のその年分の、そのほかの一時所得の収入金額と合算し、50万円の特別控除額を控除した残額の２分の１の金額が、その年の一時所得の金額として課税されます。

回答Ⅲのポイント② ▶▶▶ 遺族年金

死亡した人の配偶者などが、死亡した人の公的年金の受給権を引き継いだとき、その引き継がれた年金は、遺族年金となります。

そして、この遺族年金は非課税所得と定められていますので、遺族年金については税金の申告をする必要ありません。

回答Ⅲのポイント3 ▶▶▶ 相続により取得した年金受給権

被相続人が保険料を負担していた死亡保険金を年金形式で受け取る場合、学資保険を養育年金として受け取る場合、もしくは、個人年金保険契約に基づく年金を受給している場合のその支払を受けた年金にかかる税務上の扱いは、次のようになります。

ⅰ　年金が支給される初年度の年金収入は、全額非課税となります。

ⅱ　２年度目以降に支給を受ける年金収入については、課税収入と非課税収入とに区分して、課税収入部分を雑所得として申告します。

なお、この課税収入となる金額は、年金が支給される期間により異なりますが、毎年、段階的に増額していく方法により計算されることになっています。

根拠条文等（一部抜粋）

○所得税法

●第９条《非課税所得》

次に掲げる所得については、所得税を課さない。

三　恩給、年金その他これらに準ずる給付で次に掲げるもの

ロ　遺族の受ける恩給及び年金（死亡した者の勤務に基づいて支給されるものに限る。）

●第121条《確定所得申告を要しない場合》

3　その年において第35条第３項に規定する公的年金等に係る雑所得を有する居住者で、その年中の公的年金等の収入金額が400万円以下であるものが、その公的年金等の全部について第203条の２の規定による所得税の徴収をされた又はされるべき場合において、その年分の公的年金等に係る雑所得以外

の所得金額が20万円以下であるときは、前条第１項の規定にかかわらず、その年分の課税総所得金額又は課税山林所得金額に係る所得税については、同項の規定による申告書を提出することを要しない。

○所得税法施行令

●第185条《相続等に係る生命保険契約等に基づく年金に係る雑所得の金額の計算》

第183条第３項《生命保険契約等に基づく年金に係る雑所得の金額の計算上控除する保険料等》に規定する生命保険契約等に基づく年金の支払を受ける居住者が、当該年金（当該年金に係る権利につき所得税法等の一部を改正する法律第３条の規定による改正前の相続税法第24条の規定の適用があるものに限る。）に係る保険金受取人等に該当する場合には、当該居住者のその支払を受ける年分の当該年金に係る雑所得の金額の計算については、第183条第１項の規定にかかわらず、次に定めるところによる。

（以下略）

○国民年金法

●第25条《公課の禁止》

租税その他の公課は、給付として支給を受けた金銭を標準として、課することができない。ただし、老齢基礎年金及び付加年金については、この限りでない。

column 外国からの公的年金

外国にも、日本と同様な公的年金制度があります。日本の居住者が、この外国の公的年金を受給した場合の年金所得は、外国の年金と日本の年金とを合算し、その合計額から公的年金控除額を控除して、年金所得の金額を求めます。

しかし、外国から支給を受ける公的年金は、日本の所得税が源泉徴収されていません。そのため、公的年金の収入金額が400万円以下の人は、公的年金以外の収入金額が20万円以下であれば確定申告しなくてよいのですが、この外国から支給を受けた公的年金は、日本の所得税が源泉徴収されていませんので、400万円以下の公的年金には含めないで、確定申告の必要の有無について判断することになります。

(資料)

○所得税法

●第121条《確定所得申告を要しない場合》

3　その年において第35条第３項《雑所得》に規定する公的年金等（以下この条において「公的年金等」という。）に係る雑所得を有する居住者で、その年中の公的年金等の収入金額が400万円以下であるものが、その公的年金等の全部（第203条の７《源泉徴収を要しない公的年金等》の規定の適用を受けるものを除く。）について第203条の２《公的年金等に係る源泉徴収義務》の規定による所得税の徴収をされた又はされるべき場合において、その年分の公的年金等に係る雑所得以外の所得金額（利子所得の金額、配当所得の金額、不動産所得の金額、事業所得の金額、給与所得の金額、山林所得の金額、譲渡所得の金額、一時所得の金額及び公的年金等に係る雑所得以外の雑所得の金額の合計額をいう。）が20万円以下であるときは、前条第１項の規定にかかわらず、その年分の課税総所得金額又は課税山林所得金額に係る所得税については、同項の規定による申告書を提出することを要しない。

19 使用貸借

相談の背景

息子が、私の家の一部を店舗に改築し、個人で花屋を始めることになりました。

私と妻は共に息子の事業を手伝う予定ですが、商売が軌道に乗り利益が出るようになるまでは、息子から給料や家賃はもらわないつもりです。むしろ、費用を立て替えることにならないか心配しています。

相談Ⅰ

●使用貸借

息子は私の家の一部を店舗に改装して花屋を始めますが、家賃はもらわない予定です。家賃をもらわないことに問題ありますか。

回答Ⅰ

所得税法は、個人間の無償取引には、原則として課税しないと定めていますので、家賃をもらわないことに特別な対応をとる必要はありません。

回答Ⅰのポイント1 ▶▶▶ 無償取引

所得税法は、各種所得金額の計算において、収入金額に計上するのは「収入すべき金額とする」と定めています。このことから、各種所得金額の計算において収入金額に計上するのは、契約により相手方から受け取ることになっている金額となります。

よって、個人間において、資産を無償で貸与するという使用貸借契約が締結された場合は、収入すべき金額がありませんので、原則として、この使用貸借取引に関して特別な処理をする必要はありません。

回答Ⅰのポイント② ▶▶▶ 家族が負担した費用

個人事業者が、事業を行っていくに際して、家族が所有している資産を無償で借り受けたとき、その資産を所有していた人が負担している固定資産税などの、その資産を所有していることにより負担することになる費用については、その事業を行っている人が負担したものとして取り扱います。そのため、事業所得の金額の計算において、家族が負担したその費用は、必要経費に計上することになります。

回答Ⅰのポイント③ ▶▶▶ 使用人へ貸与

所得税法は、無償による取引に対しては、原則として課税しないとしています。

しかし、雇用主が使用人に対して寮などを無償で貸し付けているときは、雇用関係があるために無償で貸し付けしているものと認められます。

よって、このような場合、使用人は使用人であるが故に、通常の賃貸料に相当する利益を受けていることになります。それは、給与を金銭ではなく現物で支給されていることと同じ経済的効果となります。そのため、このような場合には、その経済的利益について、給与課税が行われることになります。

相談Ⅱ

●低額譲渡取引

息子から店舗の家賃はもらいませんが、店舗部分に相当する固定資産税の支払を受けることになりました。この場合は、使用貸借ではなく賃貸借取引となりますか。

回答Ⅱ

無償で貸与している資産の固定資産税相当額の支払を受けても、その金額はわずかです。そのため、このような取引も使用貸借として扱われます。

回答Ⅱのポイント① ▶▶▶ 使用貸借の範囲

固定資産税のように、資産を所有していれば通常負担することになる費用について、使用貸借により借り受けている人が負担することがあります。しかし、その負担はわずかな金額であり、賃料として認められる金額ではありません。

そのため、使用貸借で借りている人がこのような費用を負担したとしても、その取引は賃貸借ではなく、使用貸借として扱われます。

回答Ⅱのポイント② ▶▶▶ 低額譲渡

使用貸借取引とは、無償により資産を使用させる取引のことです。資産を相手方に引き渡してしまう行為は、使用貸借に当たりません。この取引は、贈与取引となります。そのため、この贈与に対して所得税は課税されませんが、贈与税が課税されることになります。

また、著しく低い価額で譲渡したときは、その譲渡した資産の価額と受けた対価との差額は贈与したものとみなされて、この場合も贈与税が課税されることになります。

回答Ⅱのポイント③ ▶▶▶ 法人への低額譲渡

法人に対して、時価の１／２以下となるような著しく低い価額で資産を譲渡した場合、その譲渡は時価により譲渡したものとみされて課税されることになります。

また、著しく低い価額により譲渡した場合には譲渡損が生じますが、この場合の譲渡損は生じなかったものとされて、損益通算の適用はありません。

相談Ⅲ

●消費税

資産を無償により貸し付けたとき、消費税は課税されますか。

回答Ⅲ

消費税の課税資産が譲渡等されたときであっても、それが無償であり対価の支払を受けていないのであれば、消費税は課税されません。

回答Ⅲのポイント1 ▶▶▶ 消費税の課税要件

消費税は、国内において、事業者が、対価を得て、資産の譲渡・貸付けあるいは役務の提供をしたときに課される税です。

ですから、事業者でない個人や、個人事業者であっても生活用の資産を譲渡した場合、あるいは無償により取引がされたときは、消費税は課税されません。

ただし、消費税法が規定している「対価を得て」とは、金銭の授受だけに限定されません。金銭の授受がなくても、資産や役務の提供を受けているのであれば、それは対価を得たとことになりますので、その取引は、消費税の課税取引に該当することになります。

回答Ⅲのポイント2 ▶▶▶ みなし譲渡

消費税は、事業者が対価を得て行った取引に対して課税されますので、対価を得ていなければ、事業者が行った取引であっても、消費税は課税されません。

しかし、個人事業者が棚卸資産など、事業上の資産を自家消費したり家事用に転用したとき、この取引は対価を得て行われた事業上の取引とみなされて、消費税が課税されることになります。

回答Ⅲのポイント3 ▶▶▶ 法人の消費税

法人が役員に対して、消費税の課税資産を無償で譲渡等したとき、あるいは著しく低い価額で譲渡等したときで、その取引価額が仕入価額以上の金額であることなど一定の要件を満たしていないときは、その課税資産の譲渡等は、時価により譲渡されたものとみなされて、消費税が課税されることになります。

根拠条文等（一部抜粋）

○民法

●第593条《使用貸借》

使用貸借は、当事者の一方がある物を引き渡すことを約し、相手方がその受け取った物について無償で使用及び収益をして契約が終了したときに返還をすることを約することによって、その効力を生ずる。

●第595条《借用物の費用の負担》

借主は、借用物の通常の必要費を負担する。

○所得税法

●第36条《収入金額》

その年分の各種所得の金額の計算上収入金額とすべき金額又は総収入金額に算入すべき金額は、別段の定めがあるものを除き、その年において収入すべき金額（金銭以外の物又は権利その他経済的な利益をもって収入する場合には、その金銭以外の物又は権利その他経済的な利益の価額）とする。

●第56条《事業から対価を受ける親族がある場合の必要経費の特例》

居住者と生計を一にする配偶者その他の親族がその居住者の営む不動産所得、事業所得又は山林所得を生ずべき事業に従事したことその他の事由により当該事業から対価の支払を受ける場合には、その対価に相当する金額は、その居住者の当該事業に係る不動産所得の金額、事業所得の金額又は山林所得の金額の計算上、必要経費に算入しないものとし、かつ、その親族のその対価に係る各種所得の金額の計算上必要経費に算入されるべき金額は、その居住者の当該事業に係る不動産所得の金額、事業所得の金額又は山林所得の金額の計算上、必要経費に算入する。

この場合において、その親族が支払を受けた対価の額及びその親族のその対価に係る各種所得の金額の計算上必要経費に算入されるべき金額は、当該各種所得の金額の計算上ないものとみなす。

●第59条《贈与等の場合の譲渡所得等の特例》

次に掲げる事由により居住者の有する山林（事業所得の基因となるものを除く。）又は譲渡所得の基因となる資産の移転があった場合には、その者の山林所得の金額、譲渡所得の金額又は雑所得の金額の計算については、その事由が生じた時に、その時における価額に相当する金額により、これらの資産の譲渡があったものとみなす。

一　贈与（法人に対するものに限る。）又は相続（限定承認に係るものに限る。）若しくは遺贈（法人に対するもの及び個人に対する包括遺贈のうち限定承認に係るものに限る。）

二　著しく低い価額の対価として政令で定める額による譲渡（法人に対するものに限る。）

2　居住者が前項に規定する資産を個人に対し同項第２号に規定する対価の額により譲渡した場合において、当該対価の額が当該資産の譲渡に係る山林所得の金額、譲渡所得の金額又は雑所得の金額の計算上控除する必要経費又は取得費及び譲渡に要した費用の額の合計額に満たないときは、その不足額は、その山林所得の金額、譲渡所得の金額又は雑所得の金額の計算上、なかったものとみなす。

○　所得税法施行令

●第169条《時価による譲渡とみなす低額譲渡の範囲》

法第59条第１項第２号《贈与等の場合の譲渡所得等の特例》に規定する政令で定める額は、同項に規定する山林又は譲渡所得の基因となる資産の譲渡の時における価額の２分の１に満たない金額とする。

○消費税法

●第４条《課税の対象》

5　次に掲げる行為は、事業として対価を得て行われた資産の譲渡とみなす。

一　個人事業者が棚卸資産又は棚卸資産以外の資産で事業の用に供していたものを家事のために消費し、又は使用した場合における当該消費又は使用

二　法人が資産をその役員（法人税法第２条第15号に規定する役員をいう。）に対して贈与した場合における当該贈与

●第28条《課税標準》

課税資産の譲渡等に係る消費税の課税標準は、課税資産の譲渡等の対価の額とする。ただし、法人が資産を第４条第５項第２号に規定する役員に譲渡した場合において、その対価の額が当該譲渡の時における当該資産の価額に比し著しく低いときは、その価額に相当する金額をその対価の額とみなす。

○消費税法基本通達

●10－１－２《著しく低い価額》

法第28条第１項ただし書《課税標準》に規定する「資産の価額に比し著しく低いとき」とは、法人のその役員に対する資産の譲渡金額が、当該譲渡の時における資産の価額に相当する金額のおおむね50％に相当する金額に満たない場合をいうものとする。

なお、当該譲渡に係る資産が棚卸資産である場合において、その資産の譲渡金額が、次の要件のいずれをも満たすときは、「資産の価額に比し著しく低いとき」に該当しないものとして取り扱う。

⑴　当該資産の課税仕入れの金額以上であること。

⑵　通常他に販売する価額のおおむね50％に相当する金額以上であること。

ただし、法人が資産を役員に対し著しく低い価額により譲渡した場合においても、当該資産の譲渡が、役員及び使用人の全部につき一律に又は勤続年数等に応ずる合理的な基準により普遍的に定められた値引率に基づいて行われた場合は、この限りでない。

○相続税法

●第７条《贈与又は遺贈により取得したものとみなす場合》

著しく低い価額の対価で財産の譲渡を受けた場合においては、当該財産の譲渡があった時において、当該財産の譲渡を受けた者が、当該対価と当該譲渡があった時における当該財産の時価との差額に相当する金額を当該財産を譲渡した者から贈与により取得したものとみなす。

ただし、当該財産の譲渡が、その譲渡を受ける者が資力を喪失して債務を弁済することが困難である場合において、その者の扶養義務者から当該債務の弁済に充てるためになされたものであるときは、その贈与又は遺贈により取得したものとみなされた金額のうちその債務を弁済することが困難である部分の金額については、この限りでない。

column 第二次納税義務

配偶者や親族が事業を行うに際して、店舗等、その事業を行うにおいて欠くことのできない重要な資産を貸与して、賃貸料を収受するようなことがよくあります。

このような資産を貸与している人は、税務的には、その事業の共同経営者とみなされて、その事業者に滞納税額が発生した場合には、その滞納税額について、国税と地方税共に、第二次納税義務を負うことになります。

ただし、その貸与している資産の額が限度となります。

(資料)

○国税徴収法

●第37条《共同的な事業者の第二次納税義務》

次の各号に掲げる者が納税者の事業の遂行に欠くことができない重要な財産を有し、かつ、当該財産に関して生ずる所得が納税者の所得となっている場合において、その納税者がその供されている事業に係る国税を滞納し、その国税につき滞納処分を執行してもなおその徴収すべき額に不足すると認められるときは、当該各号に掲げる者は、当該財産（取得財産を含む。）を限度として、その滞納に係る国税の第二次納税義務を負う。

一　納税者が個人である場合　その者と生計を一にする配偶者その他の親族でその納税者の経営する事業から所得を受けているもの

二　納税者がその事実のあった時の現況において同族会社である場合　その判定の基礎となった株主又は社員

○地方税法

●第11条の６《共同的な事業者の第二次納税義務》

次の各号に掲げる者が納税者又は特別徴収義務者の事業の遂行に欠くことができない重要な財産を有し、かつ、当該財産に関して生ずる所得が納税者又は特別徴収義務者の所得となっている場合において、その納税者又は特別徴収義務者がその供されている事業に係る地方団体の徴収金を滞納し、その地方団体の徴収金につき滞納処分をしてもなおその徴収すべき額に不足すると認められるときは、当該各号に掲げる者は、当該財産（取得財産を含む。）を限度として、当該滞納に係る地方団体の徴収金の第二次納税義務を負う。

一　納税者又は特別徴収義務者が個人である場合　その者と生計を一にする配偶者その他の親族で納税者又は特別徴収義務者の経営する事業から所得を受けているもの
二　納税者又は特別徴収義務者がその事実があった時の現況において同族会社である場合　その判定の基礎となった株主又は社員

20 事業廃止後に発生した貸倒れ

相談の背景

妻と2人で事業を続けてきましたが、高齢となり、体力が衰えてきたことから、昨年事業を廃止しました。

今年になり、事業上の売掛金が残っている会社が倒産して、その売掛金は回収不能になりそうです。今年は収入がないので、確定申告をする予定はありません。

相談Ⅰ

●税金の過大納付

税金を過大納付したことになってしまいました。過大に納付した税金を返してもらうことはできますか。

回答Ⅰ

税金を過大に納付していたとき、その過大納付になった原因が、所得金額の計算に誤りがあったなどの理由によるのであり、かつ、その過大納付であることについての説明ができるのであれば、その過大部分の税額の還付を受けることができます。

回答Ⅰのポイント1 ▶▶▶ 更正の請求

申告書を提出した後になってから、先に提出した申告書に記載した所得金額が、過大になっていることが判明したとき、当然ですが、その過大部分の所得について、納税義務はありません。このことから、その過大部分の所得に係る税額は、還付してもらうことができます。

なお、税務署に提出した申告書の内容について、訂正することのできる権限を持っているのは税務署長です。よって、過納税額の還付を受けるためには、間違った申告書を税務署長に正してもらう必要があります。その手続が「更正の請求」です。

回答Ⅰのポイント2 ▶▶▶ 更正の請求は法定申告期限から5年以内

所得税に係る更正の請求は、法定申告期限から5年以内に行わなければ、過納税額の還付を受ける権利は、時効により消失してしまいます。更正の請求により還付を受けたいのであれば、確定申告書の提出期限の翌日から5年以内に、更正の請求書を税務署長に提出しなければなりません。

ただし、確定申告書の提出を要しない還付申告については、申告書の提出期限が定められていないことから、申告年分の翌年1月1日になれば、いつでも還付申告書を提出することができます。そのため、この還付申告書に係る5年の時効の起算日は、申告年分の翌年1月1日となります。

回答Ⅰのポイント3 ▶▶▶ 期限の起算日

更正の請求期限である5年を経過した後に、裁判の判決や和解などがあったことにより、更正の請求ができる状況に至ることがあります。そのようなとき、更正の請求ができる起算日は、法定申告期限ではなく、判決などが確定した日の翌日となります。

なお、民事訴訟法は、控訴や上告することのできる期限は、判決書や調書の送達を受けた日から2週間以内と定めていますので、判決書などを受け取った日から2週間経った日が、裁判の判決などが確定した日となります。そのため、その翌日が、裁判の判決などに基づいて行う更正の請求の起算日となります。

相談Ⅱ

●更正の請求要件

事業を廃止した後に売掛金が貸倒れとなりましたが、この貸倒れによる損失についても、更正の請求をして、税金を還付してもらえますか。

回答Ⅱ

更正の請求は、申告書の記載が法令の規定に従っていなかったときや計算に誤りがあったことが適用要件ですが、申告書に記載した事実が、裁判などにより異なることに至ったときも、更正の請求をすることができます。

回答Ⅱのポイント1 ▶▶▶ 更正の請求の適用要件

更正の請求の適用が受けられるのは、提出した申告書の内容に誤りがあったときです。

しかし、申告書を提出した後になって、申告した内容の事実とは異なる事実が生じたときも、更正の請求をすることができます。

回答Ⅱのポイント2 ▶▶▶ 特例の適用

特例の適用要件に、期限内申告書に適用を受ける旨の記載が必要であると規定されているとき、それが政省令ではなく法律の条文に定められているのであれば、期限内申告書に、その特例の適用を受ける旨の記載をしていなければ、その特例の適用は受けられません。

法定申告期限後になってからでは、その特例の適用を受けるための法定要件を満たすことができませんので、その特例の適用を受けたいとして更正の請求書を提出したとしても、更正の請求は認められません。

回答Ⅱのポイント③ ▶▶▶ 事業廃止後に生じた損失

事業を継続していれば必要経費に計上できる損失が、事業廃止後になってから生じた場合は、その損失を必要経費として扱うことができません。このようなときは、その損失が生じた日の翌日からから２月以内であれば、その損失を更正の請求要因とすることができます。

ただし、これは更正の請求の特例となりますので、事業を廃止した年分（その年に総収入金額がない場合は、総収入金額があった最近の年分）又はその前年分の必要経費に計上する更正の請求をすることができますが、更正の請求書に「その事実が生じた日」を記載することも法定要件になっていることに注意しなければなりません。

相談Ⅲ

●請求書への記載事項

更正の請求書には、何か書類を添付しなければいけないのでしょうか。

回答Ⅲ

更正の請求書には、その請求をするに至った経緯などについての記載が必要となりますが、添付しなければならない書類はありません。

ただし、請求要因に間違いのないことを確認するために、書類の提出を求められるときがあります。

回答Ⅲのポイント① ▶▶▶ 事情の記載

更正の請求は、一度提出した申告書の内容が誤っていたため、その誤りを正しいものに訂正する手続です。そのため、更正の請求書には、その請求に係る更正前と更正後の課税標準や税額だけでなく、その更正の請求をする理由や、請求をするに至った事情、参考となるべき事項なども記載しなければならないことになっています。

回答Ⅲのポイント2 ▶▶▶ 期限内の請求

既に提出した申告書の内容に誤りがあると気がついたとき、それが申告書の法定申告期限内であるときは、更正の請求書を提出するのではなく、その誤りを正した申告書を提出し直します。

法定申告期限内に複数の申告書を提出したときは、以前に提出した申告書の効果は失われて、一番最後に提出した申告書が正規の申告書として扱われることになります。

回答Ⅲのポイント3 ▶▶▶ 還付加算金

更正の請求が認められれば、既に納付した税額の還付を受けることになります。その際、還付税額が多額になるようなときは、所得税などの還付金以外に、還付加算金が賦課されるときがあります。

なお、この還付加算金は、利息のような性格を持つものです。そのため、翌年になり確定申告書を提出する人は、この還付加算金を雑所得として申告する必要があります。

根拠条文等（一部抜粋）

○民法

●第140条《期間の起算》

日、週、月又は年によって期間を定めたときは、期間の初日は、算入しない。ただし、その期間が午前零時から始まるときは、この限りでない。

○民事訴訟法

●第285条《控訴期間》

控訴は、判決書又は第254条第２項の調書の送達を受けた日から二週間の不変期間内に提起しなければならない。ただし、その期間前に提起した控訴の効力を妨げない。

○国税通則法

●第23条《更正の請求》

納税申告書を提出した者は、次の各号のいずれかに該当する場合には、当該申告書に係る国税の法定申告期限から５年以内に限り、税務署長に対し、その申告に係る課税標準等又は税額等につき更正をすべき旨の請求をすることができる。

一　当該申告書に記載した課税標準等若しくは税額等の計算が国税に関する法律の規定に従っていなかったこと又は当該計算に誤りがあったことにより、当該申告書の提出により納付すべき税額が過大であるとき。

2　納税申告書を提出した者又は第25条（決定）の規定による決定を受けた者は、次の各号のいずれかに該当する場合には、同項の規定にかかわらず、当該各号に定める期間において、その該当することを理由として同項の規定による更正の請求をすることができる。

一　その申告、更正又は決定に係る課税標準等又は税額等の計算の基礎となった事実に関する訴えについての判決により、その事実が当該計算の基礎としたところと異なることが確定したとき　その確定した日の翌日から起算して２月以内

二　その申告、更正又は決定に係る課税標準等又は税額等の計算に当たってその申告し、又は決定を受けた者に帰属するものとされていた所得その他課税物件が他の者に帰属するものとする当該他の者に係る国税の更正又は決定があったとき　当該更正又は決定があった日の翌日から起算して２月以内

三　その他当該国税の法定申告期限後に生じた前２号に類する政令で定めるやむを得ない理由があるとき　当該理由が生じた日の翌日から起算して２月以内

3　更正の請求をしようとする者は、その請求に係る更正前の課税標準等又は税額等、当該更正後の課税標準等又は税額等、その更正の請求をする理由、当該請求をするに至った事情の詳細その他参考となるべき事項を記載した更正請求書を税務署長に提出しなければならない。

●第24条《更正》

税務署長は、納税申告書の提出があった場合において、その納税申告書に記載された課税標準等又は税額等の計算が国税に関する法律の規定に従っていなかったとき、その他当該課税標準等又は税額等がその調査したところと異なるときは、その調査により、当該申告書に係る課税標準等又は税額等を更正する。

●第70条《国税の更正、決定等の期間制限》

次の各号に掲げる更正決定等は、当該各号に定める期限又は日から５年（第２号に規定する課税標準申告書の提出を要する国税で当該申告書の提出があったものに係る賦課決定（納付すべき税額を減少させるものを除く。）については、３年）を経過した日以後においては、することができない。

一　更正又は決定

その更正又は決定に係る国税の法定申告期限（還付請求申告書に係る更正については当該申告書を提出した日とし、還付請求申告書の提出がない場合にする決定又はその決定後にする更正については政令で定める日とする。）

○所得税法

●第122条《還付等を受けるための申告》

居住者は、その年分の所得税につき第120条第１項第４号、第６号又は第８号（確定所得申告）に掲げる金額がある場合には、同項の規定による申告書を提出すべき場合及び次条第１項の規定による申告書を提出することができる場合を除き、第138条第１項（源泉徴収税額等の還付）又は第139条第１項若しくは第２項（予納税額の還付）の規定による還付を受けるため、税務署長に対し、第120条第１項各号に掲げる事項を記載した申告書を提出することができる。

●第152条《各種所得の金額に異動を生じた場合の更正の請求の特例》

確定申告書を提出し、又は決定を受けた居住者は、当該申告書又は決定に係る年分の各種所得の金額につき第63条（事業を廃止した場合の必要経費の特例）又は第64条（資産の譲渡代金が回収不能となった場合等の所得計算の特例）に規定する事実その他これに準ずる政令で定める事実が生じたことにより、国税通則法第23条第１項各号（更正の請求）の事由が生じたときは、当該事実が生じた日の翌日から２月以内に限り、税務署長に対し、当該申告書又は決定に係る第120条第１項第１号若しくは第３号から第８号まで（確定所得申告書の記載事項）又は第123条第２項第１号、第５号、第７号若しくは第８号（確定損失申告書の記載事項）に掲げる金額について、同法第23条第１項の規定による更正の請求をすることができる。この場合においては、更正請求書には、同条第３項に規定する事項のほか、当該事実が生じた日を記載しなければならない。

column　更正の請求

更正の請求は、所得金額や税額の計算に誤りがあり、その誤りを正したら過大納付になっていたときのその過大税額を還付してもらうための手続です。

よって、法定申告期限後に、期限内申告書に特例規定を受けていないことに気付いても、期限内申告書に誤りはありませんので、そのような場合は更正の請求の対象になりません。

また、更正の請求書の提出期限を過ぎてからの判決などにより更正の請求ができるようになったときは、判決確定日の翌日から起算して２月以内に、その事実が生じた日を記載した更正の請求書を、税務署長に提出することが法定要件になっています。

(資料)

○国税通則法

●第24条《更正》

税務署長は、納税申告書の提出があった場合において、その納税申告書に記載された課税標準等又は税額等の計算が国税に関する法律の規定に従っていなかったとき、その他当該課税標準等又は税額等がその調査したところと異なるときは、その調査により、当該申告書に係る課税標準等又は税額等を更正する。

○所得税法

●第152条《各種所得の金額に異動を生じた場合の更正の請求の特例》

確定申告書を提出し、又は決定を受けた居住者は、当該申告書又は決定に係る年分の各種所得の金額につき第63条《事業を廃止した場合の必要経費の特例》又は第64条《資産の譲渡代金が回収不能となった場合等の所得計算の特例》に規定する事実その他これに準ずる政令で定める事実が生じたことにより、国税通則法第23条第１項各号《更正の請求》の事由が生じたときは、当該事実が生じた日の翌日から２月以内に限り、税務署長に対し、当該申告書又は決定に係る第120条第１項第１号若しくは第３号から第８号まで《確定所得申告書の記載事項》又は第123条第２項第１号、第５号、第７号若しくは第８号《確定損失申告書の記載事項》に掲げる金額について、同法第23条第１項の規定による更正の請求をすることができる。この場合においては、更正請求書には、同条第３項に規定する事項のほか、当該事実が生じた日を記載しなければならない。

【編著者紹介】

編著者　白坂　博行（しらさか　ひろゆき）
東京地方税理士会　鶴見支部

著　者　青木いずみ（あおき　いずみ）
東京地方税理士会　神奈川支部

小野寺美奈（おのでら　みな）
東京地方税理士会　川崎西支部

窪田　紀子（くぼた　のりこ）
東京地方税理士会　神奈川支部

税務相談事例を相談の背景から整理する
実務の要点ピックアップ

令和５年２月15日　初版印刷
令和５年３月１日　初版発行

編著者　白　坂　博　行
著　者　青　木　いずみ
　　　　小野寺　美　奈
　　　　窪　田　紀　子

（一財）大蔵財務協会　理事長
発行者　木　村　幸　俊

発行所　一般財団法人　大　蔵　財　務　協　会
〔郵便番号　130-8585〕
東京都墨田区東駒形１丁目14番１号
（販　売　部）TEL03(3829)4141・FAX03(3829)4001
（出版編集部）TEL03(3829)4142・FAX03(3829)4005
http://www.zaikyo.or.jp

乱丁、落丁の場合は、お取替えいたします。
ISBN978-4-7547-3097-0

印刷　三松堂（株）